中青年经济学家文库

国家自然科学基金项目（41661110，41461114）资助

新疆维吾尔自治区自然科学基金（2016D01C076，2016D01C047）资助

新疆旅游经济发展及其效率研究

王松茂　著

中国财经出版传媒集团

经济科学出版社

Economic Science Press

图书在版编目（CIP）数据

新疆旅游经济发展及其效率研究/王松茂著. —北京：经济科学出版社，2017.3

（中青年经济学家文库）

ISBN 978-7-5141-7879-1

Ⅰ.①新…　Ⅱ.①王…　Ⅲ.①地方旅游业-旅游经济-经济发展-研究-新疆②地方旅游业-旅游经济-经济效率-研究-新疆　Ⅳ.①F592.745

中国版本图书馆 CIP 数据核字（2017）第 058483 号

责任编辑：王东岗　张庆杰
责任校对：隗立娜
责任印制：邱　天

新疆旅游经济发展及其效率研究
王松茂　著
经济科学出版社出版、发行　新华书店经销
社址：北京市海淀区阜成路甲 28 号　邮编：100142
总编部电话：010-88191217　发行部电话：010-88191522
网址：www.esp.com.cn
电子邮箱：esp@esp.com.cn
天猫网店：经济科学出版社旗舰店
网址：http://jjkxcbs.tmall.com
北京季蜂印刷有限公司印装
710×1000　16 开　11.25 印张　200000 字
2017 年 7 月第 1 版　2017 年 7 月第 1 次印刷
ISBN 978-7-5141-7879-1　定价：39.00 元
（图书出现印装问题，本社负责调换。电话：010-88191510）

序　言

第二次中央新疆工作会议中，中央提出了要把新疆建设成为“丝绸之路经济带的旅游集散中心”的宏伟构想，这必将进一步推动新疆旅游业的快速发展。自20世纪90年代起，自治区政府高度重视新疆旅游业的发展，纵向比较，新疆旅游业确实有了长足的发展。2014年新疆旅游接待人数为4953万人，是1995年新疆旅游接待人数的9.27倍，年均增长率为12.6%；2014年新疆旅游总收入为650.32亿元，是1995年新疆旅游总收入的59.12倍，年均增长率为22.6%。然而，与国内其他省市横向比较，新疆旅游业总收入、旅游创汇、国际旅游人数等主要经济指标，仍有相当大的差距，新疆国际旅游收入从1998年起在全国排名仅为第23名，并徘徊不前。笔者进一步计算出2005～2014年新疆旅游企业的固定资产投资年均增长率为17.35%，而旅游人次与旅游收入的年均增长率分别为12.91%、17.07%，均低于固定资产投资的增长率。从计算可知新疆的旅游企业固定资产投资对于旅游产业的增长具有较强的拉动作用，投资的增长率高于由于投资而获得的收益率，新疆旅游产业效率不高。那么新疆旅游经济发展究竟如何？新疆旅游产业效率又是怎样呢？为了更好地研究新疆旅游经济发展现状和提升新疆旅游经济效率，使新疆旅游业的发展从粗放型向集约型转变，本书基于经济增长、效率、经济收敛等相关理论，借助新疆15个地州2005～2014年的面板数据，运用定性与定量、静态与动态相结合的方法、理论兼备实证地对新疆旅游经济及其效率进行了翔实研究。

本书共八章：第一章绪论，是对全书的总体概述，主要介绍本书的选题背景和意义、研究方法和工具、研究内容、拟突破的难点问题和可能的创新之处。

第二章相关理论与研究评述，总结了目前国内外旅游经济效率研究中存在的不足，为本书的研究奠定了理论基础。

第三章新疆旅游经济的时空差异演变及空间自相关分析。本章首先运用变异系数和泰尔指数分析新疆15个地州2005~2014年十年的新疆国内旅游经济和入境旅游经济时空演变规律并分析了演变机理，继而从空间地理学的角度运用探索性空间数据方法（ESDA）对新疆各地州十年来旅游发展空间集聚水平分析，最后提出协调新疆旅游业发展的建议。

第四章新疆旅游经济效率的时空演变分析。本章运用超效率DEA模型分析了全疆及各旅游区十年间旅游经济效率，将新疆分成首府圈旅游区、北疆旅游区、南疆旅游区、东疆旅游区四个旅游区来分别研究，以期更深入地找出各地州旅游经济效率发展规律和变化机理。

第五章新疆旅游产业全要素生产率分析。为了更好地分析全要素生产率的变化情况，将全要素生产率分解为技术进步及技术效率，发现全疆及各旅游区十年间技术进步对全要素生产率的提高起促进作用，十年间技术效率的发展不增反降，对全要素生产率的提高起抑制作用。

第六章新疆旅游经济效率的收敛性分析，运用σ收敛判断十年间全疆及各旅游区之间的旅游经济效率的差异是否减小、运用绝对β收敛判断十年间全疆及各旅游区是否存在旅游经济效率较低的地州向效率较高的地州靠近，是否存在俱乐部收敛的趋势，条件β收敛判断十年间全疆及各旅游区的旅游经济效率发展是否形成向各自的稳态均衡水平收敛。

第七章新疆旅游经济效率的影响因素研究，本章在经济增长理论的基础上，结合新疆旅游行业发展的特点，运用新疆15个地州2005~2014年的面板数据的固定效应模型定量确定出影响新疆旅游经济效率的正向因素、负向因素等，并算出了每一个正向因素对新疆旅游经济效率的贡献率。

第八章提升新疆旅游经济效率的对策建议。根据前几章的分析结论，结合新疆实际情况，分别从产业制度、技术与管理创新、产品升级和环境保护四个方面提出了提升新疆旅游经济效率的对策建议。

本书最后系统地归纳总结本书的主要结论，并对本书的局限和不足之处进行阐述，以及提出了今后进一步的研究方向。

截至目前，国内对旅游经济效率定量系统化研究不多，而且研究的层面大都是全国范围。影响旅游经济效率的因素是具有地区性的，其原因是全国各地方的经济发展水平、旅游资源禀赋、政府对旅游业发展的重视程度各不相同，尤其是少数民族众多的新疆，影响旅游经济效率的因素是否具有特殊性？本书将新疆各地州作为研究对象，对新疆各地州旅游经济效率及影响因素进行研究，对新疆旅游经济效率进行全面会诊，提出发展策略。这不仅有利于新疆旅游经济的健康发展，而且丰富了旅游经济效率的理论，找出具体到地州层面影响旅游经济效率的因素，这对国内其他省市的旅游经济效率影响因素研究具有较大的借鉴意义。

本书的目标读者为旅游学、管理学、社会学、经济学等学科读者，适合高校从事旅游管理教学和科研领域的研究人员以及学员，也适合旅游行政管理部门人员、旅游企业管理人员和旅游服务人员阅读。

目　录

第一章

绪　论

1.1

选题背景与意义

1.1.1　选题背景

新疆维吾尔自治区是举世闻名的歌舞之乡、瓜果之乡、黄金玉石之乡。新疆幅员辽阔，地大物博，山川壮丽，瀚海无垠，古迹遍地，民族众多，民俗奇异。旅游资源极为丰富，全国旅游资源共有 68 种，而新疆就有 56 种，占全国旅游资源类型的 83%。全疆共有景点 1100 余处，居全国首位，在这广阔大地上，冰川雪岭与戈壁瀚海共生，高原山水景观蕴含在天山、阿尔泰山、昆仑山等世界名山之中，有着众多的雪域冰川、叠嶂雄峰、飞泉瀑布、珍奇异兽。这里有海拔 8600 米的世界第二高峰，又有低于海平面 154 米的中国最低洼地，既有一泻千里的河流、万顷碧波的草原，又有光怪陆离的戈壁幻境，神秘莫测的沙漠奇观。保存完好的原始动植物种群，更显出得天独厚的大自然的本色。改革开放以来，中央和新疆维吾尔自治区政府非常重视新疆旅游业的发展，一直将旅游业作为新疆经济发展的重点。新疆旅游业起步于 1978 年，20 世纪 90 年代后取得长足发展，产业地位不断提高，旅游收入明显提高。2014 年新疆旅游接待人数为 49531690 人，是 1995 年新疆旅游接待人数的 9.27 倍，年均增长率为 12.6%；2014 年旅游总收入为 650.32 亿元，是 1995 年新疆旅游总收入的59.12倍，年均增长率为22.6%（旅游总收入为当年国际旅游收入乘以当年汇率再与国内旅游收入相加之和）。第二次中央新疆工作会议中，中央提出了要把新疆建设成为“丝绸之路经济带的旅游集散中心”的宏伟构想，这必将进一步推动新疆旅游业的快速发展。

纵向比较新疆旅游业确实是有了很大的发展。然而，与广东、北京、上海等旅游强省市横向比较，新疆旅游业总收入、旅游创汇、国际旅游人数等主要经济指标，仍有相当大的差距。1995年新疆国际旅游收入在全国排名第16名，但是从1998年起至今新疆国际旅游收入在全国排名仅为第23名，并徘徊不前。笔者进一步根据统计数据计算出2005~2014年新疆旅游企业的固定资产投资年均增长率为17.35%，而旅游人次与旅游收入的年均增长率分别为12.91%，17.07%，均低于固定资产投资的增长率。可见投资对于旅游产业的增长具有较强的拉动作用，但投资的增长率高于由于投资而获得的收益率，即旅游产业的发展是靠规模不断的扩张而取得的进步，新疆旅游产业的经济效率不高，仍处于粗放型的发展阶段。作为新疆重点的后续战略支柱产业培育，新疆旅游业应在新疆的经济和社会发展进步做出更大的贡献，在促进现代化建设和提高人民的物质和文化生活水平，要发挥更积极的作用。

那么新疆旅游经济发展现状如何？时空发展规律又是怎样？新疆各地州旅游经济效率发展现状究竟如何？新疆各地州旅游经济效率是否存在着差异性？这种差异性是不断增加还是不断减小？影响新疆旅游经济效率因素有哪些？这些影响因素各对新疆旅游经济效率的贡献率是多少？作为民族地区，新疆是否有特殊的因素影响旅游经济的效率？为了探究和解决以上的问题，本书首先对旅游经济增长及经济效率相关知识进行了理论分析和探究，梳理了目前国内外对旅游经济发展及旅游经济效率研究的内容，总结了目前国内外旅游经济增长和旅游产业效率研究中存在的不足，接着运用变异系数、泰尔指数等对新疆旅游经济时空演变进行研究，并分析其演变机理，继而从空间地理学的角度运用探索性空间数据方法（ESDA）对新疆各地州十年来旅游发展空间集聚水平研究，并对新疆旅游产业集聚与旅游经济增长的关系进行理论分析和实证检验，最后提出协调新疆旅游业发展的建议。本书分别运用超效率DEA静态分析方法和Malmquist指数动态分析方法对新疆旅游经济效率进行全面诊断，为了更加详细地分析新疆旅游经济效率的变化规律，考虑到新疆各地州的地理位置、经济发展条件、民族构成、旅游交通、旅游旅游资源禀赋等条件，本书将新疆分成首府圈旅游区、北疆旅游区、南疆旅游区、东疆旅游区四个旅游区来分别研究；运用经济收敛理论探究十年间全疆及各旅游区旅游经济效率的发展是否向均衡发展，是否存在 σ 收敛、绝对 β 收敛、条件 β 收敛和俱乐部收敛；基于经济增长相关理论和文献梳理的基础上，根据新疆旅游经济发展的状况，向旅游行业的相关专家问卷调查和访谈，结合旅游行业发展的特点，逐步找出影响新疆旅游经济效率的可能因素，并运用新疆 15 个地州 2005 ~2014 年的面板数据的固定效应模型定量确定出哪些是驱动新疆旅游经济效率的正向因素，哪些是阻碍新疆旅游经济效率的负向因素，哪些是与新疆旅游经济效率的无关因素。最后根据以上理论分析与实证研究的结果结合新疆的现状为提高新疆旅游经济效率提出政策建议和对策，以期新疆旅游业健康发展。

1.1.2 研究意义

1.1.2.1 理论意义

一是厘清旅游经济效率研究的概念、内涵和方法。目前国内外对于旅游经济效率的研究逐渐增多，研究对象不仅涵盖了不同层次区域（如国家、省际、城市等）的宏观层面，也渗透到了行业、企业等中观、微观层面。研究重点主要集中在旅游经济效率评价方面。旅游经济效率研究的理论和方法大量涌现，但各种理论和方法之间缺乏有机的整合，这说明旅游经济效率的研究仍然处于初级探索阶段，研究的理论体系尚未确定。本书将与国内外其他学者的研究进行类比，厘清旅游经济效率的相关理论和研究方法的脉络，将旅游经济效率的各种理论和方法进行有效的整合，对旅游经济效率的研究体系进行归纳、扩展和完善，从而初步奠定旅游经济效率的理论体系。

二是丰富旅游产业的研究领域。截至目前，国内对旅游经济效率定量系统化研究不多，而且研究的层面大都是全国范围。影响旅游经济效率的因素是具有地域性的，其原因是全国各地方的经济发展水平、旅游资源禀赋、政府对旅游业发展的重视程度各不相同，尤其是少数民族众多的新疆，影响旅游经济效率的因素是否具有特殊性？本书将新疆作为研究对象，对新疆各地州旅游经济效率及影响因素进行研究，对新疆旅游经济效率进行全面会诊，提出发展策略。这不仅有利于新疆旅游经济的健康发展，而且丰富了旅游经济效率的理论，找出具体到地州层面影响旅游经济效率的因素，对国内其他省市的旅游经济效率研究具有较大的借鉴意义。

1.1.2.2 现实意义

为新疆旅游产业发展制定相关政策提供理论依据。随着新疆经济发展和社会进步，新疆的旅游业也得到了快速发展，2012 年新疆旅游 GDP 占全年 GDP 的 7.68%，2013 年旅游业更是成为自治区战略支柱产业。对新疆旅游业的发展研究已成为学者们关注的重点。本书基于新疆 15 个地州 2005~2014 年的旅游相关数据，运用泰尔指数、变异系数研究了新疆旅游经济的时空演变规律，并借助探索性空间数据方法（ESDA）对新疆各地州十年来旅游发展空间集聚水平研究，对新疆旅游产业集聚与旅游经济增长的关系进行理论分析和实证检验。运用超效率 DEA 模型分析出新疆 15 个地州十年的旅游经济效率变化规律，运用马姆奎斯特（Malmquist）指数动态探讨了新疆 15 个地州十年的旅游全要素生产率的变化规律。运用经济收敛理论定量研究了十年全疆及各旅游区旅游经济效率的发展趋势，将为新疆旅游业的发展提供更合理的测量和评估标准，有助于准确地确定新疆旅游经济发展水平，并可以根据旅游产业的投入情况确定各地区其相应的提升潜力，从而为新疆制定旅游产业发展相关政策、促进旅游经济效率提升提供理论依据。目前，由于对新疆旅游经济效率的因素认识不够清晰、不够客观，很多地方凭主观取向和热情对旅游资源进行开发，盲目地发展旅游业，这样只会妨碍旅游业健康持续发展。因此，充分认识旅游经济效率的影响因素可以为新疆政府在制定本地区、本阶段旅游经济发展政策时提供理论依据。本书运用定量分析方法找出影响新疆旅游经济效率的影响因素，分析出驱动因素和阻碍因素，并计算出各驱动因素对新疆旅游经济效率的贡献率，为提高新疆旅游经济效率指明方向。

1.2 研究目标及拟解决的关键问题

本书的研究目标是围绕新疆旅游经济发展与产业效率研究而展开的，这一主要目标分为以下几个分目标：

①合理分析出十年间新疆旅游经济时空演变规律，并对其进行机理分析。

②探讨出十年间新疆各地州旅游经济效率发展变化规律和全要素生产率的发展变化规律，并对其发展变化规律进行机理分析。

③运用经济收敛理论研究新疆各地州旅游经济效率发展趋势，判断全疆及各旅游区的旅游经济效率是否存在 σ 收敛、绝对 β 收敛、条件 β 收敛、俱乐部收敛。

④客观、准确地找出新疆旅游经济效率的影响因素，对各因素影响旅游经济效率进行机理分析，以期为新疆旅游业健康发展提出良好建议。

本书拟解决的关键问题包括以下几个方面：

①十年间新疆旅游经济效率的变化规律及其机理分析。十年间新疆各地州旅游经济效率的发展水平是怎样，其变化规律如何，新疆各地州旅游全要素生产率的变化规律是怎样，他们发展变化的机理又是如何。

②新疆各地州旅游经济效率的发展趋势是怎样。如果新疆各地州旅游经济效率在2005～2014年存在差异，那么这些差异是如何变化？即差异程度不断增加、不断减小、还是保持现状发展。全疆及各地州是否存在旅游经济效率较低的地区在追赶旅游经济效率较高的地区的现象，各旅游区间是否存在俱乐部收敛，这些都会影响新疆旅游业今后采取什么发展对策。

③客观准确地分析出新疆旅游经济效率的影响因素。如果要提升旅游经济效率，就需要知道影响旅游经济效率的因素有哪些，哪些是影响新疆旅游经济效率的正向因素，哪些是影响新疆旅游经济效率的负向因素，哪些是与新疆旅游经济效率的无关因素。每一个正向影响因素的贡

献率又是多少，因此客观准确地分析出新疆旅游经济效率的影响因素是至关重要，这样旅游管理部门在制定旅游发展政策时就会有的放矢、轻重缓急的发展各个影响因素。

1.3 研究内容与结构

第一章导论，是对全书的总体概述，主要介绍本书的选题背景和意义、技术路线、研究方法、研究内容、拟突破的难点问题和可能的创新之处等内容。

第二章是相关理论与研究评述，对效率相关知识进行了理论分析和探究，梳理了目前国内外对旅游经济效率研究的内容和进展，总结了目前国内外旅游经济效率研究中存在的不足，为本书的研究奠定了理论基础。

第三章新疆旅游经济的时空差异演变及空间自相关分析。本章首先运用变异系数和泰尔指数分析新疆 15 个地州 2005 ~ 2014 年十年的新疆国内旅游经济和入境旅游经济时空演变规律并分析了演变机理，继而从空间地理学得角度运用探索性空间数据方法（ESDA）对新疆各地州十年来旅游发展空间集聚水平分析，并对新疆旅游产业集聚与旅游经济增长的关系进行理论分析和实证检验，最后提出协调新疆旅游业发展的建议。

第四章新疆旅游经济效率的时空演变分析。本章以新疆 15 个地州 2005 ~ 2014 年十年旅游相关数据作为数据资料，运用超效率 DEA 模型分析新疆旅游经济效率的发展规律，同时根据各地州的地理位置、经济发展条件、民族构成、旅游交通、旅游资源禀赋等条件创新地将全疆划分为首府圈旅游区、北疆旅游区、南疆旅游区、东疆旅游区四个旅游区，分析了全疆及各旅游区十年间旅游经济效率，以期更深入地找出各地州旅游经济效率发展规律和变化机理。

第五章新疆旅游产业全要素生产率分析，是从动态的视角运用 Malmquist 指数分析十年间新疆各地州旅游产业的全要素生产率的变化规律。由于 2009 年新疆发生“7 · 5 事件”，严重影响了新疆旅游业的健康发展，2009 年属于特殊年份，本章将 2009 年剔除，将 2005 ~ 2014 年分为 2004 ~2008 年和 2010 ~2013 年两个时段分析新疆旅游产业全要素生产率的变化规律。为了更好地分析全要素生产率的变化情况，将全要素生产率分解为技术进步及技术效率，发现全疆及各旅游区十年间技术进步对全要素生产率的提高起促进作用，十年间技术效率的发展不增反降，对全要素生产率的提高起抑制作用。

第六章新疆旅游经济效率的收敛性分析，是对新疆旅游经济效率的发展进行趋势分析。本章基于经济收敛理论，运用 σ 收敛判断十年间全疆及各旅游区之间的旅游经济效率的差异是否减小、运用绝对 β 收敛判断十年间全疆及各旅游区是否存在旅游经济效率较低的地州向效率较高的地州靠近，是否存在俱乐部收敛的趋势，条件 β 收敛判断十年间全疆及各旅游区的旅游经济效率发展是否形成向各自的稳态均衡水平收敛。

第七章新疆旅游经济效率的影响因素研究，本章在经济增长理论的基础上，对相关文献进行梳理，结合新疆旅游行业发展的特点，通过专家访谈方法逐步找出影响新疆旅游经济效率的可能因素，并运用新疆 15 个地州 2005 ~2014 年的面板数据的固定效应模型定量确定出哪些是影响新疆旅游经济效率的正向因素，哪些是影响新疆旅游经济效率的负向因素，哪些是与新疆旅游经济效率的无关因素，并算出了每一个正向因素对新疆旅游经济效率的贡献率。

第八章提升新疆旅游经济效率的对策建议。根据前面几章的分析结论，结合新疆实际情况，分别从产业制度、技术与管理创新、产品升级和环境保护四个方面提出了提升新疆旅游经济效率的对策建议。

1.4 研究方法与研究工具

1.4.1 研究方法

①理论兼备实证方法：通过梳理国内外相关文献，结合旅游经济学、制度经济学、计量经济学等理论知识，分析新疆旅游经济时空演变规律；

对旅游经济效率的概念、内涵、评价方法进行了研究；对旅游经济效率收敛性理论进行了探讨；对旅游经济效率影响因素进行了筛查和丰富。同时选取新疆为案例，运用 2005 ~2014 年旅游相关数据对新疆 15 个地州的旅游经效率进行了静态和动态的分析，并对新疆旅游经济效率的收敛性进行了研究，运用面板固定效应模型分析了新疆旅游经济效率的影响因素，并计算了各正向因素的贡献率。

②问卷调查与深度访谈：在进行影响新疆旅游经济效率的因素识别和筛选中，为了更好地结合研究区的具体情况，除了运用文献梳理的方法外，作者还对旅游业相关的专家、学者进行了深度访谈和问卷调查。以期达到真实反映出新疆旅游经济效率受哪些因素的影响以及每一个因素对新疆旅游经济效率的贡献值。

③定性与定量相结合方法：本书运用计量经济学的知识，进行量化研究新疆 15 个地州的收敛性变化趋势、旅游经济效率发展情况、筛选旅游经济效率影响因素，同时结合定性方法分析新疆 15 个地州旅游效率发展变化的原因、分析出旅游经济效率影响因素的贡献率、研究出社会稳定程度对旅游经济效率的影响等。

④比较研究法：本书首先选取 2005 ~2014 年十年的数据对新疆旅游经济效率进行了时间上的比较分析。根据各地州的地理位置、经济发展条件、民族构成、旅游交通、旅游资源禀赋等条件全疆分为首府圈旅游区、北疆旅游区、南疆旅游区、东疆旅游区，并对旅游经济效率进行了空间比较，以期分析出新疆各地旅游经济效率的发展不同的原因和条件。

⑤静态与动态相结合的方法：本书第四章运用了超效率 DEA 方法分析了新疆旅游经济效率，同时运用 Malmquist 指数动态分析了新疆旅游产业全要素生产率。同时本书在第五章运用了面板数据动态的识别和筛选出影响新疆旅游经济效率的因素。

1.4.2 研究工具

本书主要采用文献梳理、问卷调查、比较研究和实证研究结合的方法，定性和定量的分析出新疆旅游经济时空演变规律、新疆旅游经济效率的时空演变规律、影响新疆旅游经济效率的因素。文章主要运用了Malmquist指数分析法、超效率DEA分析方法、收敛模型、面板数据固定效应模型等定量方法。主要用到的研究工具包括：SPSS19.0、Eviews6.0、DEAP2.1、EMS、Stata等软件。

第二章

相关理论与研究评述

2.1 经济增长相关理论

经济增长理论200余年的发展历史其实就是经济学200多年的发展史。以弗兰克·拉姆齐（Frank Ramsey，1928）[1]1928年的经典论文为分水岭，我们把经济增长理论一分为二。1928年以前是经济增长理论的奠基阶段，这一阶段的增长理论称之为古典增长理论（为了与新古典增长理论的称呼相一致）；1928年以后是经济增长理论的成熟阶段，这一阶段的增长理论包括新古典增长理论和内生增长理论（沈坤荣，2006）[2]。

2.1.1 古典主义（亚当·斯密～拉姆齐）

从经济学的发展角度看，古典增长理论先后跨越了古典经济学、新古典经济学两个范式，所以古典经济增长理论其实包括很多特征完全不同的增长理论。亚当·斯密（Adam Smith）《国富论》中的“分工促进经济增长”的理论、马尔萨斯（Malthus）《人口原理》中的人口理论、马克思《资本论》中的两部门再生产理论（或马克思再生产图式），都是属于古典经济学范式的增长理论[2]。1776年，斯密出版《国民财富的性质和原因的研究》认为一个国家经济增长的主要动力在于劳动分工、资本积累和技术进步，并认为市场容量的大小决定了分工水平，从而构建了后来新古典经济增长理论的研究思路。斯密说：“增加一国土地和劳动的年产物的价值，只有两个方法，一为增加生产性劳动者的数目，一为增进受雇劳动者的生产力”。很明显，要增加生产性劳动者的数目，必先增加资本，增加维持生产性劳动者的基金[3]。要增加同数量的劳动者的生产力，则可通过改良劳动工具和提高劳动力素质来达到，两者实质上都是提高资本。斯密把充分的经济自由看作是经济增长的首要条件，所以他十分重视制度、法律和政策的作用。他认为，“秩序、好政府以及个人的自由安全”对于推动经济增长十分重要，“好制度”是英属殖民地经济发达的原因。斯密还推崇分工和专业化，甚至认为这是“经济进步的主要原因”[4]。同时，斯密指出国家要想增加国民财富和促进经济增长，最有效的经济政策就是给资本家经济活动以充分自由，包括自由的国际贸易政策。马尔萨斯（1798）[5]则与斯密的观点不同，马尔萨斯认为当人均收入超过均衡水平时，死亡率下降的同时生育率将会上升。因此，长期内每一个国家的人均收入将会收敛至其静态的均衡水平。这就是著名的“马尔萨斯陷阱”。马尔萨斯的人口理论还预测，长期稳定的工资率将不会改变；技术进步只会造成稳定状态人口量的增加，而非工资率的上升。和马尔萨斯一样，大卫·李嘉图（David Richardo）的观点也和斯密不同。李嘉图的经济增长理论主要体现在资本积累和再生产学说当中，他把利润看作是促进经济增长和社会进步的动力，认为劳动力需求取决于资本积累[6]。李嘉图（1817）[7]指出，作为生产要素的土地、资本和劳动产出的边际报酬是递减的，生产边际报酬递减将导致一个国家经济增长的最终停止。因为这些悲观的结论，当时的经济学被人们称为“黯淡的科学”。从分工的角度，李嘉图则采用了与斯密不同的方法来研究专业化和分工，强调了外生比较优势与分工的关系。1890 年马歇尔（Marshall）的《经济学原理》出版，马歇尔以其均衡价格理论和分配理论解释了资本主义发展出现的新现象。他不完全赞成李嘉图的“报酬递减规律”，认为他所讲的情况是有条件的，是“只限于一个古老国家的情况”，并且“低估了稠密的人口对农业所提供的间接利益”。马歇尔（1920）[8]把知识和教育引入生产要素中，认为知识促使经济增长，为后来人力资本的提出做了理论铺垫。同时，马歇尔继承了斯密对劳动分工的开创性观察。马歇尔在书中描述了“地方性工业”的原始形态，他所说的地方性工业就是具有分工性质的企业在特定地区的集聚，并把这些特定地区称作“工业区域”，马歇尔最先提出了外部规模经济的概念，并将外部规模经济等同为报酬递增，强调企业的外部经济和内部经济对经济增长的作用。杨格（Young，1928）[9]认为，劳动分工是背离均衡与趋向均衡的统一，技术进步是分工细化的结果，收益递增经济的主要特征使分工更多地表现为产业链延长的迂回生产方式。杨格（1928）修正了斯密（1776）市场容量决定分工的观点，提出了著名的“杨格定理”，即分工决定分工。也即市场容量决定分工水平，反过来分工水平又决定市场容量。

熊彼特（Joseph Alois Schumpeter）是20世纪最受推崇的经济学家之一，他在经济学史上的卓越地位与亚当·斯密相当，他最先提出“创新”学说，是知识经济研究的先驱，其思想更是21世纪的主流思潮。1912年，熊彼特提出“创新理论”和经济发展理论，指出“创新”是企业家对生产要素的新组合，也指建立一种新的生产函数。熊彼特（1934）[10]进一步指出，经济增长不是由外生因素引起的，而是由内生因素即生产要素和生产条件实现“新组合”引起的。他特别强调在经济增长过程中追求利润最大化的企业家对推动创新的作用。

2.1.2 新古典主义（拉姆齐～罗默）

通常认为，现代经济增长理论的起点是哈罗德－多马模型的出现。如果从研究的内容上看，哈罗德－多马模型确实可以作为现代经济增长理论的起点。因为哈罗德－多马模型是将凯恩斯的思想动态化的典型例子，它试图在凯恩斯的短期分析中整合进经济增长的长期因素，并强调资本积累在经济增长中的重要性。但是，如果从方法是否具备动态研究的视角为标准，那么现代经济增长理论的真正起点开始于1928年的弗兰克·拉姆齐（沈坤荣，2006）[2]。1928年英国经济学家拉姆齐在《经济学期刊》上发表了一篇题为“储蓄的一个数理理论”的经典论文，建立了拉姆齐模型（Ramsey Model）。该模型在确定性的条件下，分析最优经济增长，推导满足最优路径的跨时条件，阐述了动态非货币均衡模型中的消费和资本积累原理。模型如下：假设用两种投入，即资本K和劳动L，生产函数是Q＝

Q(K, L)，无技术进步，人口为恒量，但提供的劳务可以变动；产出可用于储蓄或消费，储蓄导致投资和资本积累。所以，新古典方法论上的起点最早可以前推到拉姆齐。20 世纪 60 ~ 70 年代卡斯（Cass）和库普曼斯（Koopmans）的工作主要是运用拉姆齐的思想对索洛模型进行新古典式的改造。在古典主义对经济增长的研究中，无论是斯密还是李嘉图的研究始终是比较抽象的、定性的研究。英国经济学家哈罗德（Harrod, 1939）[11]和美国经济学家多马（Domar, 1946）[12]的哈罗德 - 多马（Harrod - Domar）模型开创了现代经济增长研究史的一次革命。按照哈罗德 - 多马模型，决定一个国家的经济增长水平的最主要因素有两个：全社会投资水平的储蓄率和资本—产出比率。哈罗德 - 多马模式的特点是以恢复古典经济学关注动态经济增长问题的名义，明确提出经济增长理论和经济增长理论动态化和长期化，有经济学家认为哈罗德 - 多马开创了现在经济增长理论。但是哈罗德 - 多马用增长率、储蓄率和资本系数来表达经济增长因素之间的关系，其理论根源仍然是继承和强调了古典经济学关于积累的经济增长源泉的思想[13]。真正现代意义上的经济增长理论，始于 20 世纪 50 年代后期兴起的新古典经济增长理论，它以资本积累为核心、以资本收益递减规律为基本假设，能够以简单的、易于处理和计量检验的方式，为经济增长问题的研究提供基本的分析框架。新古典经济增长理论的核心是新古典生产函数和资本积累方程。按照增长模型对资本积累机制的不同解释，新古典经济增长理论大致分为两类：一是索洛 - 斯旺（Solow - Swan model）模型，它将储蓄（从而投资）视为总产出的固定比例；二是拉姆齐 - 卡斯 - 库普曼斯模型（Ramsey - Cass - Koopmans model），它从代表性家庭和厂商的最优化行为中推导出最优储蓄率[13]。1956 年索洛（Solow, 1956）[14]发表"对经济增长理论的贡献"一文，修正了哈罗德 - 多马模型的假设，提出资本和劳动可以充分替代的新古典生产函数，并得出结论：资本收益递减规律导致资本积累动力的逐渐消减；除非存在外生的人口增长或技术进步，经济不可能实现持续增长；政府政策只有水平效应、没有增长效应。斯旺（Swan, 1956）[15]也在同一时间完成的相似的工作，因此称之为索洛 - 斯旺模型。索洛 - 斯旺模型是经济增长研究史上的第二次革命，标志着新古典增长理论的出现。从此，西方成百上千名经济学家卷入了对增长理论的研究，开创了经济增长理论研究的黄金时代，他们的工作使这门20世纪中叶才创立的学科，成为现代经济学不可分割的一部分。但是新古典的这个开创性的模型仍存在几个问题：它虽然考虑了技术进步在经济增长中的重要作用，但技术进步被认为是外生变量。另一个重要的问题是该模型对技术进步的解释。索洛（Solow，1957）[16]后来提出全要素生产率分析方法，并应用该方法检验新古典增长模型时发现，资本和劳动的投入只能解释12.5%左右的产出，另外87.5%的产出被归为一个外生的，用以解释技术进步的“余数”（residual）。“索洛余值”至今人们仍然无法真实度量其中的因素。卡尔多（Kaldor，1957）[17]从另一个角度对哈罗德-多马模型进行了修正，从收入分配角度为哈罗德-多马模型提供一种方法。他把社会的储蓄率分成两个部分，即工资储蓄和利润储蓄，由此社会总的储蓄率不再是一个常数，而变成了一个依赖工资储蓄率和利润储蓄率的变量。但是卡尔多的模型仍然存在用短期分析工具来研究长期经济增长的局限。卡斯（1965）[18]和库普曼斯（Koopmans，1965）[19]通过对拉姆齐（1928）[1]的研究引入到新古典模型中将储蓄率内生化，弥补了新古典增长模型的部分不足。人们将之成为拉姆齐-卡斯-库普曼斯模型（Ramsey-Cass-Koopmans model）。但是，该模型表明经济持续增长是不可能的，储蓄率的内生化并没有消除长期人均产出增长率对外生技术进步的依赖。在将技术进步内生化的过程中，早期影响比较大的经济学家是阿罗（Arrow）和乌扎华（Uzawa）。阿罗（1962）[20]发表了关于“学习效果”的文章，在这篇文章中，借鉴卡尔多（1957）将技术进步作为资本积累结果的观点，强调投资的溢出效应，认为生产经验的增长也是生产过程中的一种投入，厂商可以通过学习来提高自身的生产率。但阿罗尽管实现了技术进步的内生化，却同时引入了一个经济增长的外生条件，即人口增长率必须大于零。后来谢辛斯基（Sheshinski，1967）[21]对阿罗的模型进行了改进，但“不愉快的结果”并未消除。乌扎华（1965）[22]将技术进步内生化的思路与阿罗不同，他是在新古典增长模型中引进教育部门，通过人力资本而实现技术进步的（部分）内生化。他在1965年发表的文章中修改了索洛单纯生产部门的模型，建立一个包括物质生产部门和人力资本生产部门或教育部门的两部门经济增长模型。该模型假定社会配置一定的资源到非生产的教育部门。教育部门对产出的贡献是通过其对生产部门技术水平提高的作用而间接实现的。同阿罗模型一样，乌扎华模型的核心也是其技术进步方程式。但与阿罗“不愉快的结果”一样，乌扎华的模型同样需要在人口增长率必须大于零时才成立。由于新古典经济增长理论本身的局限性，或者是由于研究方法上存在问题，技术进步内生化过程中出现众多“不愉快的结果”，20 世纪 70 年代后经济增长理论研究逐渐沉寂，直到 1986 年罗默（Romer，1968）《内生技术变化》（endogenous technological change）这篇开创性文章的发表，才重新唤起经济学界对经济增长研究的热情。在从分工角度对经济增长理论进行研究的文献中，继杨格之后，分工问题越来越受到经济学家们的重视。后来杨格和博兰（Young & Borland，1991）[23]又提出了分工的不断演进是长期经济增长的微观基础的观点。G. S. 和凯文 · M · 墨菲贝克尔（G. S. Becher & Kevin M. Murphy，1992）[24]则从社会协调成本角度来研究分工与经济增长的关系，指出人力资本的积累会促进专业化水平的提高，从而使人力资本积累的边际收益不发生递减。科斯（Coase，1937）[25]、阿尔钦安和德姆塞茨（Alchian & Demstez，1972）[26]则从协调成本、交易费用、分工与经济增长的关系来研究分工。杨小凯和黄有光（1996）[27]则在交易成本的基础上引进了另一变量即专业化分工的收益，只要劳动分工的收益超过组织分工的交易费用，市场或企业就会出现，或者两者同时出现。他们用非线性规划（超边际分析）重新将古典经济学中关于分工和专业化的精彩思想变成决策和均衡模型，掀起一股用现代分析工具复古古典经济学的思潮。

2.1.3　新经济增长理论（罗默～现在）

在经济增长研究沉寂了十多年后，罗默（1986）[28]和卢卡斯（Lucas，1988）发表了两篇历史性的论文：《内生技术变化》（Romer，1986）和《论经济发展机制》（on the mechanics of economic development；lucas，1988）。罗默通过引入收益递增，通过将资本与技术均视为一种中间产品，以中间产品的种数来表示技术的进步，因而巧妙地避开了新古典增长模型无法与规模报酬递增及边际报酬不变之间的矛盾，卢卡斯则通过将资本分解为人力资本和物质资本，强调人力资本的溢出效应，分别消除了阿罗和乌扎华模型中的“不愉快的结果”，成功实现了技术进步的内生化，并且使人们开始认识到被索洛忽视和低估的余值的更多内涵，标志着新经济增长理论的开端。罗默（1986）和卢卡斯（1988）的研究，是建立在阿罗（1962），谢辛斯基（Sheshinski，1967）和乌扎华（1965）的研究工作基础上的，但他们仍没有真正地引入技术转变的理论。真正将研究和开发理论和不完全竞争结合进增长理论框架，开始于罗默（1987，1990）[29-30]。安金和霍威特（Aghion & Howitt，1992）[31]以及格罗斯曼和赫尔普曼（Grossman & Helpman，1991a－1991d）[32-36]也对此做出了重要贡献。在这些模型中，技术进步来自有目的的研究和开发活动。这种活动由事后的某种形式的垄断力量予以补偿。新增长理论最重要的特征是将知识作为一个独立的要素引入增长模型，核心观点是技术进步或者知识和人力资本的积累决定经济增长率。斯通（Stern，1991）[37]在英国皇家经济学会会刊《经济期刊》上发表的包含对“新”增长理论归纳分类的综述文章。斯通将“新”增长理论分成两大类。一类是在阿罗模型基础上发展出来的，另一类则是从乌扎华人力资本方面扩展的。罗默（Romer，1986）[28]在1986年发表的文章中，指出了阿罗一谢辛斯基模型的局限性。克服新古典增长模型的局限性，把自己建模的出发点放在将技术进步完全内生化这一思路上，以探讨在人口或劳动力不增长，甚至负增长的情况下，经济增长能否发生。斯通（1991）认为按阿罗—罗默路线发展比乌扎华—卢卡斯模型更有希望，这是因为卢卡斯他们提出的人力资本是很难测度的。与众多增长经济学家的观点相左，斯科特（Scott，1989）[38]认为与其修改新古典总量生产函数的分析方法，还不如完全放弃使用生产函数这种分析方式，运用总量生产函数的主要困难在于资本总量是不可加而且不可测量的。以总投资为基础，斯科特建立了“没有总量生产函数”的增长模型。但和“新”增长理论相同，斯科特认为技术进步是影响经济增长的主要因素。他还强调技术进步与投资密不可分，且可以用投资的数量来测量，“新”增长理论将人力资本或知识投入作为单独的要素的理论是错误的，知识投入或人力资本与投资是结合在一起的。后来的经济学家们认为：斯科特对总量生产函数的批评虽有一定道理，但他的替代方案不过是用一种总量代替另一种量。新增投资总量的可加性和资本存量的可加性遇到的问题是一样的，将产出与投资总量相联系，实质上是总量生产函数的一种特殊表达形式。萨缪尔森为索洛辩护时也承认资本总量的概念有问题。然而他指出索洛正是放弃了概念上的严谨，从而得到了应用上近似效果更好的增长模型。在进入20世纪90年代以后，经济学家对于内生增长理论的研究不断深入，并取得了新的进展。随着理论的进展，不少经济学家已经意识到，内生增长理论面临着的最大问题就是如何进行实证分析。杨格（1991）[39]通过研究认为东亚奇迹是由于出口增长带动生产率增长，尤其是非农部门和制造业部门生产率增长的结果。根据这种解释，经济发展的关键是对外开放与增加对教育的投资。芬德利（Findlay，1996）[40]和文图拉（Ventura，1997）[41]提出的小国开放经济模型。该模型认为，对于小国开放经济，资本积累的Rybczynski效应，将资源由劳动密集型产业转移到资本密集型产业，能够在没有TFP增长的情况下，通过结构转换维持经济的持续高速增长。基（Kee，2002）[42]利用我国香港地区的增长数据对该模型提供了实证支持。根据这种解释，对于小国经济，高速增长的秘密是对外开放并积累资本。

2.2 效率相关理论

2.2.1 效率相关思想

2.2.1.1 古典主义经济学的效率思想

现代经济学之父、古典学派创始人亚当·斯密认为经济发展的首要任务是“富国裕民”。《国富论》中他提出：靠发展分工，提高工人的劳动生产率；靠增加资本，增加从事生产劳动的人数，为增加财富的两种途径。斯密比较重视劳动效率，在《国富论》一开始就论述了要想提高劳动生产力就必须要进行分工。经济学的主题就是效率在《国富论》中被斯密表达得淋漓尽致，一方面，劳动生产力的提高是效率的表现；另一方面，他认为市场经济制度最有效率。

（1）分工效率。斯密提出了劳动生产力概念，并且十分重视劳动生产力对于富国裕民的重要作用。劳动生产力，又称劳动生产率，是指一个个体劳动力创造的财富（价值）数量在劳动中的体现。劳动生产力包括在劳动效率或生产效率之中，但斯密并没有明确提出生产效率或劳动效率的概念。

斯密认为在增加国民财富的作用中有用劳动比劳动生产力因素作用小，劳动生产力才是决定国民财富的最重要因素。为了说明这个问题，他在前言中用很大的空间对比了未开化的渔猎民族与文明昌盛民族的福利情况、劳动生产力以及有用劳动这些因素。斯密认为提高劳动生产力是主要原因并研究了如何提高劳动生产力，斯讨论分工可以提高劳动效率的原因主要有三个方面：第一，劳动分工，必然会提高劳动者的工作能力，这将提高效率的；第二，分工可以在一定程度上减少劳动者转换工作所浪费的时间；第三，蒸汽机的发明，对劳动生产率的提高起很大作用。同时斯密的另一重要贡献是将分工理论扩展到国际贸易领域。斯密认为，专业化和劳动分工水平会随着全球贸易的发展进一步的提高，国际分工提高了各国的生产效率[43-44]。戴维·李嘉图是英国资产阶级政治经济学的另一代表人物，他在斯密的“绝对优势”分工原理的基础上提出的“比较优势”原理，又从另一个角度深入分析，揭露了分工是一种必然趋势，是提高效率和国际贸易双赢的必然条件[45]。

（2）竞争效率。竞争效率是古典经济学的另一个重要部分。虽然古典经济学家没有提出竞争效率的概念，但斯密阐述“天赋自由与竞争体系”思想是对竞争效率的本质，他认为经济效率和经济增长的最终来源是“天赋自由与竞争体系”，同时这也是国富民强的基本条件。

（3）宏观经济效率。法国著名经济学家让—巴蒂斯特·萨伊继承了斯密关于竞争、天赋自由和有限政府思想，他比斯密和李嘉图更为深入的分析了古典宏观经济理论。萨伊的市场定律，是古典宏观模型关于经济的波动与增长的基础[46]。所谓古典宏观经济效率指的是宏观经济的自动平衡，没有任何一般性的“过度生产”或“过剩”，不会产生资源闲置或浪费。萨伊的学说是从宏观层面上考虑的，自由竞争体系产生宏观经济效率。

2.2.1.2　新古典经济学的效率思想

新古典经济学在微观经济学中一直占据优势，它以稀缺资源在全社会范围内的配置效率为研究目标，即研究稀缺资源在整个社会各种不同用途之间的收益或效用。新古典经济学继承了竞争均衡斯密实现在古典经济思想的社会资源的优化配置，完善竞争的市场可以实现社会福利的最大化，即，优化配置。同时，新古典经济学忽视和抛弃了生产过程中的效率思想，认为配置效率等同于经济效率，效率是配置效率的简称。在新古典经济学中，经济社会由供给与需求两部分组成。在此基础上，新古典经济学针对配置效率进行研究，由于采用的分析方法不一样，分为两个分支：一支是配置效率理论，这是马歇尔运用供求局部均衡分析方法的理论；另一支是建立在瓦尔拉斯总体均衡分析基础之上的帕累托效率理论。完全竞争市场由于满足均衡价格等于边际成本的条件，以达到配置效率的最优，表示为社会总福利最大化，消费者剩余与生产者剩余的代数和就是社会总福利[47]。意大利经济学家帕累托分析学习了瓦尔拉斯的总体均衡分析之后，在这个基础之上，定义了效率，即一种经济的资源配置，没有其他生产配置，使得该经济中的所有个人情况不变差，而且有人的情况变好，那么就实现社会福利最大化，这个配置就是最优的[48]。具体来说，帕累托效率需要满足三个条件：竞争实现所有商品的边际替代率相等的供应需求；在竞争中实现平等的边际技术替代率的所有元素；最后边际转换率在供给与需求之间无差异。熊彼特对新古典学派的资源配置论进行进一步的解释，“资源的各个单位是在各种可能的路径之间进行分配，用来获得同等的边际满足”[49]。

2.2.1.3　其他效率思想

除了以上主流观点，有些经济学家还提出了其他对效率的定义和观点。

（1）认为效率是观察投入与产出的关系，是“最小”和“最大”的原则问题。经济效率是用来衡量资源使用情况的，常常考察投入与产出之间的关系（康鹏，2005）[50]；樊纲（1992）所定义的效率与之相似：所谓“效率”，在通常意义上，就是指现有生产资源与它们所提供的人类满足之间的对比关系[51]。当我们认为一个经济单位是“有效率”时，就是指这一经济单位用相关的技术和生产资源给人们提供了最大可能的满足。一些学者给予效率概念更准确的描述：从经济学的角度说，效率就是最小—最大原则，即在一定的投入下有最大的产出，或者说在一定的产出下有最小的投入，是微观经济学研究的核心内容（刘嗣明，1998）[52]。萨缪尔森和诺德豪斯的《经济学》中所定义的效率：“给定投入和技术的条件下，经济资源没有浪费，或对经济资源做了能带来最大可能的满足程度的利用。也是配置效率的一种简单表达。”[53]黄少安（2004）把资源配置效率看作就是经济效率，是对比稀缺资源的使用量与使用所带来的收益量之间关系[54]。

（2）认为效率是个多层次的集合。何大昌（2002）将效率划分为三个不同层次的效率集合：①宏观层次上的效率，是指在整个经济体系中，以帕累托效率作为标准，经济状况的所有不同部门之间资源配置的测量显示；②行业层面的效率，主要是指在某一行业，对生产可能性边界为标准，在优化要素资源产业中雇用增长的潜在产出的测量；③微观水平上的效率，以特定企业内部为主。衡量一个企业对生产要素的利用状况，是以要素的边际生产力组织生产所能达到的最大产出来衡量的[55]。法约尔（Farrer，1957）把通常意义上的经济效率分解成了两部分：一部分是技术效率，另一部分是配置效率。技术效率的概念是经济单元在给定投入的条件下获得最大的产出能力或给定产出的前提下经济单元进行最小投入的能力；配置效率是反映给定投入价格时，经济单位，以适当的比例使用输入的能力（丁秀彬，2004）[56]。王立成坚信企业效率是企业资源配置效率和企业组织效率的整合，企业组织效率在很大程度上决定了企业资源配置的效率[57]，企业组织效率比企业配置资源效率更重要。

（3）认为效率是一个动态概念。卫兴华（2008）认为，经济效率的内涵不仅包括经济效益、劳动生产率，而且还与速度和质量有关。提高经济效益，降低成本，提高质量的要求，增加数量，加快速度[58]。诺斯

（1994）提出了一个概念，用来描述在时间进程中，与经济变化相适应的制度的效率，即“制度的适应性效率”[59]。

2.2.2 经济效率的含义及其分解

在微观经济学理论研究中，经济效率主要指配置效率、技术效率和动态效率三种。在图 2－1 中，配置效率改进是从 C 移动到 E；技术效率上升是从 F 移到 E；如果资源基础没有变化而生产边界向外运动加速则表示动态效率上升[60]。

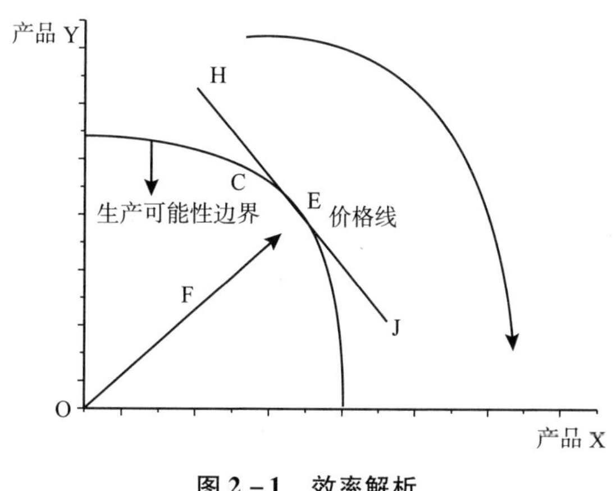

图 2－1 效率解析

假设某研究对象 A 使用两种投入 X_1，X_2 生产一种产出 y_0，并假设 A 所采用的函数为规模报酬不变的前沿生产函数。令 $y_0=y$，以图 2－2 中的 y_0y_0 来表示在 X_1，X_2 坐标系中找到产出水平 y_0 的等产量曲线。由于 y_0 是在曲线 y_0y_0 上的投入组合配置在现有技术生产水平下能够生产出来的最佳产出标准，因此，生产 y_0 采用曲线 y_0y_0 左下方的投入组合配置来是行不通的，但采用曲线 y_0y_0 右上方的投入组合配置来生产 y_0 则是无效率的[61]。在图 2－2 中，PP 是 A 的成本预算线，PP 与 y_0y_0 相切，且切点为 a。如果 A 在 a 点生产，表示 A 能够以最小的成本、最佳的投入组合生产 y_0，如果 A 在 c 点生产，表示用更大的投入量来生产 y_0，其实际生产成本

为 oc[62]，定义 A 的技术效率为：

$$OE = od/oc \tag{2.1}$$

可见，技术效率是 A 在生产现有产出水平的目标最小投入与实际投入的比率。从图 2-2 可以看出，当 A 在 a 点生产时，技术效率为 1，此时表示综合有效；如果 A 不在 a 点生产，技术效率小于 1，表示综合无效[63]。

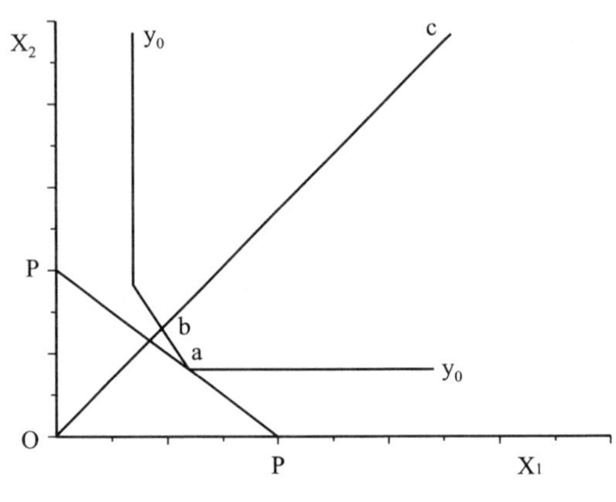

图 2-2　技术效率与配置效率

技术效率又可以分为配置效率（AE）和技术效率（TE）两项。技术效率是指在其他条件相同的前提下，投入不变的情况下评价对象所能获得的最大产出能力。当 $TE<1$ 时，表示评价对象在等产量曲线的右上方进行生产，此时为技术无效。当 $TE=1$ 时，表示当前的技术被评价对象充分利用而能够在等产量曲线上生产，此时为技术有效[64]。在图 2-2 中，技术效率可以表示为：

$$TE = ob/oc \tag{2.2}$$

配置效率（Ferrell 称为价格效率 - price efficiency）是指投入价格不变的，评价对象以最佳的组合来配置投入组合的能力，即考察对于现有各种投入的价格，能否选择最佳的投入量来进行配置[65]。只有选择了最佳的投入量组合配置，配置才有效。在图 2-2 中，配置效率可以表示为：

$$AE = od/oc \tag{2.3}$$

可见，只有当评价对象在最小成本预算线上进行生产时，评价对象配

置有效，配置效率等于1；当评价对象不在最小成本预算线上进行生产时，评价对象为配置无效，配置效率小于1。因此，

$$OE = od/oc = (ob/oc) \times (od/ob) = TE \times AE \tag{2.4}$$

由上述分析可知，只有当评价对象在切点 a 上进行生产时，OE 与 AE 才等于1，此时 TE 也等于1。当 $TE=1$ 时，评价对象一定是在等产量曲线上进行生产，此时 OE 与 AE 相等，但是并不一定都等于1[66]。根据前面得出，对于评价对象而言，逐步拓展到评价对象为多项投入与多项产出的情况，但此时图2-2中的等产量曲线发生变化，形成了多维等产量超平面。

技术效率可以用规模效率（SE）与纯技术效率（PTE）的乘积来表示。上述的分析都是在假设评价对象在规模报酬不变的情况下进行的生产行为，这是生产中的一种理想模式。但是，对于大多数的实际生产而言，评价对象在生产过程中的规模报酬并不是不变的，而是处于变化之中的。在这个时候，如果你可以在规模报酬不变的条件下组织生产，就可以以更低的投入量来实现当前的产出水平。下面用图2-3来说明这个问题。

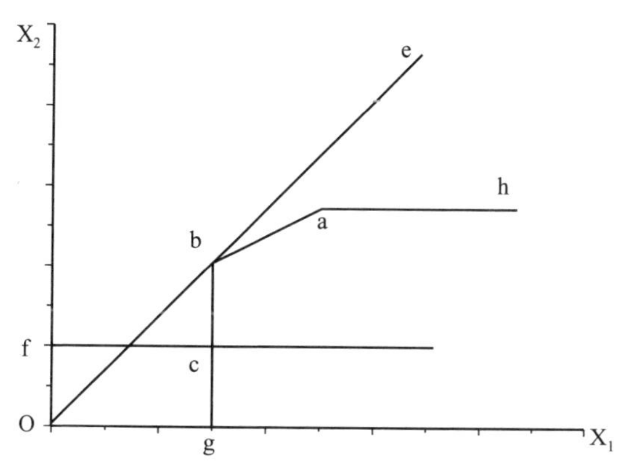

图2-3　纯技术效率与规模效率

为了更简单地说明问题，图2-3中的假设评估对象是单投入与单产出的状态，oe 表示规模报酬不变的生产前沿，该生产前沿表示在当前现有的投入配置情况下能够获得的最大产出水平。全部的评价对象的生产活动

都在该前沿面上或者下方进行[67]。假定评价对象在 c 点进行生产，那么此评价对象的技术效率可以表示为：

$$TE = fk/fc \tag{2.5}$$

这与图 2-3 中的 ob/oc 是相对应的。为了测算评价对象的生产规模效率，改变评价对象的规模收益不变的情景，假定评价对象规模收益在生产活动中发生变化，且生产活动的前沿面为 $gbah$。技术效率的另一个测量标准即纯技术效率，是衡量当前的生产点与规模报酬变化的生产前沿之间运用技术水平的差距，那么此评价对象的纯技术效率则表示为：

$$PTE = fj/fc \tag{2.6}$$

那么，规模效率可以表示为：

$$SE = TE/PTE = fk/fj < 1 \tag{2.7}$$

显而易见，规模报酬保持不变的生产前沿与规模报酬发生变化的生产前沿之间的距离用规模效率来衡量。当在规模报酬保持不变的前沿上进行生产的时候，规模效率为 1，则表示此时的规模是有效的。而当规模效率小于 1 时，则表示此时的规模是无效的[68]。图 2-3 中，当在 b 点进行生产时，规模是有效的，而当在 c 点进行生产时，则规模是无效的。

2.2.3 效率评价的研究方法

目前关于效率的研究方法主要包括参数法与非参数法两种，参数法包括确定性参数法和非确定性参数法两种，确定性参数法对误差项没有进行明确的假设，存在一定的缺陷，因此非确定性参数法的使用得到了越来越多的关注与使用，目前使用较多的有概率前沿面构造法、随机前沿面构造法和基于遗传算法构造的前沿生产函数法等。其中，最为普遍的是随机前沿方法的研究和运用。非参数法是配置效率在经济效率相对测度的生产前沿面的研究方法基础上发展而来的，它不限制效率前沿的形状，也不需要对基本的生产函数做出明确的界定，而是在一定的生产有效性标准的基础上，通过观察大量实际数搜寻出处于生产前沿面上的相对有效点[69]。目前数据包络分析法（data evolopment analysis）是很多研究所使用的主要的非参数法。

2.2.3.1 参数方法

随机前沿分析法（stochastic frontier analysis，SFA）包括前沿成本和产出函数的随机分析，前沿成本指在一定产出水平基础上，可能所需的最低成本，前沿产出指在一定的投入水平基础上，可能实现的最高产出。通过对比被评价DMU与最优前沿面，得出两者之间的差距，用以衡量DMU的有效性及其程度[70]。按照评价对象数据样本的特点，可以将其分为截面数据（cross section date）与面板数据（panel date）。截面数据指在同一个时间点上对所有样本只观测一次，面板数据指在多个时间点上对所有样本进行多次观测。

在最近几年的研究中，SFA这种测算生产前沿的参数方法，是把随机误差和效率残差的存在考虑在内，它的应用在国内外获得了广泛的认可。SFA方法是由美国的艾格纳洛弗尔和施密特（Aigner Lovell & Sehmidt，1977），比利时的密森和万登·布利克（Meeusen & vanden Broeek，1977）与巴特斯和科拉（Battese & Corra，1977）几乎同时提出的，在他们的模型中误差项被分为两类：管理误差项与随机误差项。技术非效率用管理误差项来表示，而其他有任何可能出现的不可控因素所带来的影响则用随机误差项来表示，同时假定非效率的构成呈现指数或半正态分布[71]。

在这以后20多年的研究中，有很多用于计算生产前沿面的重要的随机前沿模型被不断的提出来，研究的进展主要体现在两个方面[72]：一是针对于模型中管理误差项的分布假设方面，史蒂文森（Stevenson，1980）做出截尾正态分布的假设，格林（Greene，1980）做出Γ分布（gamna density）的假设，李（Lee，1993）则做出四参数的Pearson分布的假设；二是针对数据选择的变化方面：早期的应用研究主要是利用截面数据（cross-sectional data）的技术效率测量，在1980年以后主要是选择面板数据（panel data）来进行效率评估。随机前沿分析法的优势表现在以下三个方面：第一，其的前沿面是随机的，每个生产决策单元DMU不需要同时使用相同生产前沿面；第二，是将误差项加以区别，可以更加客观的表示实际的技术效率生产水平；第三，是能够对估计结果进行假设检验[73]。

在现有的研究中，使用频率较高的是随机前沿模型，他是由巴特斯和科埃利（Battese & Coelli，1992）在1992年采用时间序列面板数据估量前沿面而设定的生产函数模型，简称BC模型。该模型假定管理误差项（即非效率项）遵循截尾正态分布，同时认为技术效率根据时间的变化而不同。具体可以表示为：

$$Y_{it} = X_{it}\beta + (V_{it} - U_{it}) \quad i = 1, \cdots, N \quad t = 1, \cdots, T \tag{2.8}$$

其中：Y_{it}是第i个决策单元在t时期的产量；X_{it}是第i个决策单元在t时期的$k \times 1$维要素投入；β是一个待估计的参数；V_{it}是随机变量，服从正态分布$N(0, \sigma_v^2)$并且独立于非效率变量U_{it}；$U_{it} = (U_i \exp(-\eta(t - T)))$，$U_i$是一个非负随机变量，表示生产的无效程度，同时服从截尾正态分布$N(\mu, \sigma_{it}^2)$。

运用巴特斯和科拉（Battese & Corra，1977）的参数替换法，用σ^2来替换σ_v^2和σ_u^2，令$\sigma^2 = \sigma_v^2 + \sigma_u^2$，$\gamma = \sigma_u^2/(\sigma_v^2 + \sigma_u^2)$，从而简化模型的计算。$\gamma$表示技术无效率项在随机扰动项中所占的比例，通过$\gamma$可判断模型设定是否合适。假如$\gamma = 0$，则表示引起实际产出偏离前沿产出的原因是白噪声（white noise），无效率项是一个常数，则不需要采取随机前沿模型，OLS法即可实现对生产函数的估计；假如$\gamma = 1$，则表示引起实际产出偏离前沿产出的原因是生产无效率，而与随机误差无关[74]。γ越趋近于1，说明误差主要是由技术非效率引起的，就越适合采用随机前沿模型。

在计算中技术效率（EFF_i）可以由下述公式表示：

$$EFF_i = E(Y_i^* \mid U_i, X_i)/E(Y_i^* \mid U_i = 0, X_i) \tag{2.9}$$

E表示数学期望，EFF便在0和1之间。在最后一期$t = T$时$U_{it} = U_i$，将U_i看作最末一期的技术非效率，则决策单元在t（非最末期）时的技术非效率U_{it}，等于最末期的技术非效率与指数函数$\exp(-\eta(t - T))$的乘积，其大小受参数η的影响。若$\eta > 0$，非效率项随时间而下降；若$\eta = 0$，非效项在各期间均相同；若$\eta < 0$，非效率项随时间而上升。

对于技术效率的研究不单单是局限在数值大小的估计与比较上，大部分学者开始从影响技术效率的因素入手进行考察，采用较多的方法是先估计随机前沿生产函数，计算出评价对象的技术效率水平，再对影响因素用回归方式进行分析[75-76]。

2.2.3.2　非参数方法

查恩斯、库珀和罗布德斯（A. Charnes, W. W. Cooper & E. Rbodes）于1978年给出了评价决策单元相对有效性的数据包络分析方法（data envelopment analysis）[77]，自第一个DEA模型CCR出现，至今已形成关于效率、生产可能集、生产前沿面等概念的完整的理论体系、方法和模型的DEA研究领域。

查恩斯、库珀和罗布德斯（CCR，1978）提出了最基本的DEA模型，也称为CCR模型。假设 N 个决策单元利用 K 种投入生产 M 种产出，对于第 i 个决策单元，分别用向量 x_i 和 y_i 表示：

$$x_i=(x_{1i}, x_{2i}, \cdots, x_{ki})^T, \ y_i=(y_{1i}, y_{2i}, \cdots, y_{mi})^T \quad i=1, 2, \cdots, N \tag{2.10}$$

X，Y 分别表示 $K\times N$ 维投入矩阵和 $M\times N$ 维产出矩阵。对于每个决策单元，我们希望测度出全部产出和全部投入的比例，即 u^Ty_i/v^Tx_i。在这里 u，v 分别表示 $M\times 1$ 维产出权重向量和 $K\times 1$ 维投入权重向量，需要通过模型来确定。假设规模报酬保持不变，那么，最优权重就可通过求解下列数学规划问题而得到：

$$\begin{aligned} &\max_{u,v}(u^Ty_i/v^Tx_i) \\ &\text{s.t. } u^Ty_j/v^Tx_j\leqslant 1 \quad j=1, 2, \cdots, N \\ &u, v\geqslant 0 \end{aligned} \tag{2.11}$$

上述目标函数实际就是第 i 个决策单元产出与投入的加权平均。为了避免得出无穷多 $\max_{\mu,v}(\mu^Ty_i)$ 解，可以增加约束 $v^Tx_i=1$，上式所表示的规划问题就变成：

$$\begin{aligned} &\text{s.t. } v^Tx_i=1 \\ &\mu^Ty_j-v^Tx_j\leqslant 0 \quad j=1, 2, \cdots, N \\ &u, v\geqslant 0 \end{aligned} \tag{2.12}$$

这里面仍为 $N\times 1$ 维向量，上式所表示的即为多元线性规划问题。通过线性规划的对偶原理，可得到这一问题的等价包络形式：

$$\min_{\theta,\lambda}\theta$$

$$\text{s.t.} \quad -y_i + Y\lambda \geqslant 0$$
$$\theta x_i - X\lambda \geqslant 0$$
$$\lambda \geqslant 0 \quad i = 1, 2, \cdots, N \tag{2.13}$$

θ 是一标量，λ 是 $N \times 1$ 维常数向量。根据法约尔（Farrell，1957）的定义，即表示第 i 个决策单元的效率值，满足 $0 \leqslant \theta \leqslant 1$。当 $\theta = 1$ 时，则表示该决策单元是效率前沿面上的点，因而处于技术有效状态[78]。将上式中所表示的线性规划求解 N 遍，即可得到每个决策单元的效率值。

运用 CRS 模型得出的效率值是技术效率，其经济含义是当第 i 个决策单元的产出水平保持不变（投入导向）时，如以样本中最佳表现（处于效率前沿面上）的决策单元（即参考集合，referenceset）为标准，实际中所需要的投入比例。$1 - \theta$ 就是第 i 个决策单元多投入的比例，也就是可以减少（或称浪费）投入的最大比例[79]。

配置效率与 CRS 模式中都假定 DMU 的整体生产效率在固定规模报酬状态情况下进行测算，此假设意味着规模较小的评价对象可以通过增加投入来实现等比例的产出规模的扩大，即评价对象规模的大小对其效率高低并没有影响。但是，此假设条件非常苛刻，在大部分时候并不能达到不完全竞争，经济环境以及政策限制等影响因素都能导致评价对象难以在理想的状态中进行生产。所以生产无效率的因素有可能是规模报酬的因素而造成的，而并非生产技术无效率。通过分析可知规模报酬保持不变的假设与实际之间存在较大差距，使被评价对象没有全部处于最佳规模时，技术效率和规模效率混合在一起。为了克服这一缺陷，班克、查恩斯和库珀（Banker，Charnes & Cooper，1984）提出了 CRS 改进模型，用以考虑规模报酬可变（VRS）的情况（亦称 BCC 模型）[80]。

通过增加一个凸性假设 $N^T\lambda = 1$，CRS 模型可以很容易地改进为 VRS 模型，即：

$$\min_{\theta,\lambda} \theta$$
$$\text{s.t.} \quad -y_i + Y\lambda \geqslant 0$$
$$\theta x_i - X\lambda \geqslant 0$$
$$N^T\lambda = 1$$
$$\lambda \geqslant 0 \quad i = 1, 2, \cdots, N \tag{2.14}$$

这里的 N 是 $N\times1$ 维的向量，即 $N=(1,1,\cdots,1)^T_{1\times N}$，可以证明约束条件 $N^T\lambda=1$ 满足了规模报酬可变的假设。规模报酬可变的假设使在测量技术效率时可忽略规模效率带来的影响，由此而得到的效率就是纯技术效率 PTE。

一般来说，通过 CRS 模式求出的评价对象效率值被称为技术效率（technical efficiency，TE），而以 VRS 模式求出的效率值为纯技术效率（pure technical efficiency，PTE），两者相除便是规模效率（scale efficiency，SE）。$SE=1$ 表示规模有效率，$SE<1$ 则表示规模无效率。

由技术效率（TE_{VRS}）= 纯技术效率（PTE_{VRS}）× 规模效率（SE）可知，$TE_{VRS}\geqslant TE$，说明 VRS 模型比 CRS 模型得到的效率值大，其观察点就更接近于效率边界[81]。

但是，上述关于规模效率的测算存在着一个问题，主要表现在对于规模无效的评价对象而言，不能仅仅由测算的效率值高低来判断被评价对象是处于规模报酬递增状态（对应于图 2－3 中的 c 点）还是处于规模报酬递减状态（对应于图 2－3 中的 h 点），从而降低了规模效率分析的作用。

科埃利（Coelli，1996）提出，可通过另外求解一个规模报酬非增（$NIRS$）的 DEA 问题来确定被评价对象规模处于何种状态。通过将上式所表示的 VRS 模型中的约束条件 $N^T\lambda=1$ 变成 $N^T\lambda\leqslant1$，便得到了 $NIRS$ 模型：

$$
\begin{aligned}
&\min_{\theta,\lambda}\theta\\
&\text{s.t.}\ -y_i+Y\lambda\geqslant0\\
&\theta x_i-X\lambda\geqslant0\\
&N^T\lambda\leqslant1\\
&\lambda\geqslant0\quad i=1,2,\cdots,N
\end{aligned}
\tag{2.15}
$$

根据式（2.15）便能计算出每一 DMU 之非递增规模报酬技术效率（TE_i^{NIRS}），然后再利用每个 DMU 的 TE_i^{CRS}、TE_i^{VRS}、TE_i^{NIRS} 进行相互间的比较，便能判断该 DMU 是处于哪一种规模报酬状态。其判断方式如下：如果 $TE_i^{CRS}=TE_i^{NIRS}$，表示处于固定规模报酬状态（constant returns to scale，CRS）（图 2－3 中对应的 b 点，表示被评价对象处于规模报酬保持不变状态，即决策单元规模有效）；如果 $TE_i^{VRS}=TE_i^{NIRS}$，则表示处于规模报酬递减状态（decreasing return to scale，DRS）（图2－3中对应的 h 点，表示被评价对象处于规模报酬递减状态，评价对象资产规模偏大导致规模无效，需要通过缩小规模来提高效率）；如果 $TE_i^{VRS}\neq TE_i^{NIRS}$，表示处于规模报酬递增状态（increasing return to scale，IRS）（图2－3中对应的 c 点，表示评价对象处于规模报酬上升状态，其规模无效是由于规模过小引起的，需要通过扩大规模来提高效率）[82]。

2.3 国内外研究进展及简评

2.3.1 国外相关研究进展

国外关于旅游经济效率的研究起源于20世纪90年代中期，主要的研究内容是针对旅游企业，如旅行社、酒店、旅游交通等的效率。

2.3.1.1 酒店效率评价研究

对旅游酒店（宾馆）的效率研究一直是学术界主要的话题之一[83]。早期的旅游企业经营效率研究发生在美国，迈克尔（Michael，1996）将服务人员按照工作性质划分为五类，对宾馆内部服务环境进行有效性评价发现，前台、客房和停车场员工的绩效对客人感知质量具有最重要影响，而客房员工的绩效对客人满意度和价值增加均具有最直接的影响，主客之间交流和服务绩效的无形性特点是造成这种结果的原因[84]。莫雷（Morey，1995）通过定量研究，对于酒店（宾馆）效率的研究通常使用的方法就是数据包络分析方法，对美国54家私有连锁酒店1993年的管理绩效评估表明，美国的旅游服务市场经营效率位于较高水平[85]，这些酒店的平均管理效率为0.89，最低效率值也达到0.64。在此之后，为了克服在统计数据时DEA方法的局限性，随机前沿方法（stochastic frontier analysis，SFA）也被利用到1994年美国48家酒店企业管理效率的测算中，安德森（Anderson，1999）研究结果表明所有企业的平均效率也达到 0.89 的水平，效率最高和最低值分别达到 0.921 和 0.843[86]。由此可见，尽管使用了不同的研究方法，但是研究结论几乎是相同的，即美国酒店业的管理效率很高[87]。克里斯托弗（Christopher，1999）不同于以上的方法，对于在特定的时刻酒店实际用餐翻台率与理论上最大的翻台率进行对比研究发现，酒店管理者可以通过减少用餐高峰期的食客人数、增加食品的供应量、减少随机性（建立预定系统）以及采用新技术等手段来提高酒店的操作效率[88]。

在欧洲，巴罗斯（Barros，2005）发表了一系列关于旅游酒店效率研究的文章。最开始，他把葡萄牙的 42 个国有酒店作为研究对象，将酒店的劳动力、经营成本作为投入指标，把酒店的销售额、过夜旅客人次与游客接待人次作为产出指标，运用 DEA 方法，通过这些酒店 1999～2001 年的面板数据分析了酒店的全要素生产率水平（TFP）以及它们的影响因素。结果显示，只有少部分酒店在这期间提高了他们的全要素生产率，大多数酒店在效率变化上都有所增加，只有少部分酒店的技术变化实现了提升，并且根据曼奎斯特指数（MPI）的分解结果把所研究的酒店分成了四种不同的类型[89]。在此之后，他又使用 1998～2002 年葡萄牙 15 个国有酒店的面板数据，运用随机前沿法，将效率分为纯技术进步、非中立技术进步和规模争议技术进步这三个指标对这些酒店的效率进行了测算。测算的结果显示，大多数的酒店都没有达到有效，并且酒店整体的效率值都较低，资源浪费的现象普遍比较多。据此，他进一步提出了提高生产力、吸引外来投资等提高效率的措施和方法[90]。除此之外，他还运用一样的办法对具备遗产性质的国营连锁酒店的效率进行了评估，其结果显示：大部分国有酒店的经营都是有效的，对那些经营无效的酒店，酒店的规模大小和位置是影响他们的效率的最主要的原因[91]。除此之外，许多学者对旅游酒店网站应用效率的重要性也十分关注，通过研究发现，生产效率的提升并不是来自信息交流技术的单位投资，而是源自网络以及信息能力的开发，技术进步才是生产效率提升的关键因素，而投资规模对其并不一定有直接的因果关系[92]。科斯塔斯（Costas，2006）通过案例分析表明，若按照管理者和用户视角将宾馆网站细分为六个维度，在提出网站评价技术框架的基础上，将希腊的酒店网站与25家顶级宾馆品牌网站进行绩效比较可以发现，希腊的酒店网站在基础设施、客户关系、在线预定和相关消息查询等方面都有一定的差距，尤其是在线预定和价格信息更新等方面的距离十分明显，希腊的旅游酒店在网站应用上的效率很低[93]。

迪萨（Tsaur，2000）采用1996～1998年的面板数据，运用DEA方法对53个涉外酒店的经营管理效率进行了计算，结果表明，其经营管理有效率达到87%[94]。随后，许多学者利用DEA方法和曼奎斯特生产率指数对酒店经营管理效率的研究进行了深化[95]；为了进一步探寻影响因素，黄（Huang，2005）通过对359份有效的调查问卷进行的实证分析表明，涉外酒店在内部营销、员工满意度与宾馆绩效之间有明显的正相关关系，以内部营销为手段可以不断提高员工满意度，进而实现绩效增长[96]。青（Ching，2006）从微观因素入手研究发现，技术效率较低时导致酒店无效率的主要原因，规模效率对酒店效率的影响不大，与酒店的类型也没有显著的相关性，并从宏观因素入手研究表明，区位和交通是影响酒店效率的主要原因，酒店的品牌、顾客的满意度以及酒店服务的质量等因素也会对酒店效率有更为广泛的影响[97-98]。由此可见，虽然关于效率影响因素的研究还不够全面，但是这些学者的研究都有一个基本相同的结果，那就是酒店的效率保持在比较高程度。与以上结论相反，孙（Sun，2005）运用DEA松弛测量、曼奎斯特指数与回归分析等技术手段，对55个涉外酒店1990～2001年的绩效从管理、住宿和餐饮三个因素进行研究，其结论也指出，虽然在此期间61.76%的酒店在生产率上有一定的提升，但是其总体的管理效率依然比较低，并且主要是因为酒店餐饮的面积、客房的数量、酒店与机场距离以及员工的人数等因子影响[99]。另外，涉外酒店可控的投入和不可控的经营环境对酒店从投入到产出的转换能力都有较大影响，因为“胜地”和“连锁”酒店同“城市”和“孤立”酒店相比拥有更优越的经营环境，所以“胜地”和“连锁”酒店具备更高的周末使用率以及品牌效应[100]。王（Wang F C，2006）用同样的方法来测量酒店的成本效率，并且采用回归分析法研究效率影响因素的成果显示：酒店成本效率低下的重要原因就是技术效率以及规模效率的无效，经营规模太小，限制了酒店的成本节约[101]。

2.3.1.2 旅行社效率评价研究

旅游经济效率研究的另外一个重要领域——旅行社效率。巴罗斯（2006）等考虑到葡萄牙的旅行社面临着市场更深层次开放、竞争日益激烈等现实情况，将占市场份额68.6%的最大的25个旅行社作为研究对象，使用2000～2004年期间的面板数据，把经营成本、劳动力价格等作为变量，运用随机前沿成本模型对它们的经营绩效进行了分析，研究表明：把平均效率当做比较对象时，大多数葡萄牙的旅行社都是有效率的，而一般效率较高的都是成立时间长的旅行社。另外，资本、劳动力、销售额等因素也决定着旅行社的效率[102]。同样，科萨（K. ksal，2007）可以根据经营业务的性质将这25家土耳其旅行社分成连锁经营和独立经营两种，利用DEA方法评价它们的经营效率可以发现，2004年不是有效经营的旅行社占79.16%，并且这两种类型的旅行社在经营效率上并没有显著差异[103]。

2.3.1.3 旅游交通效率研究

航空公司和机场是地区经济和旅游业发展的重要桥梁，所以对旅游交通效率和生产率的分析大都集中在这个领域。特别是在航空公司成本不断上升的压力下，为了检测人力成本对经营成本上涨的影响程度和产业竞争受这些成本的影响程度，查理斯（K. N. Charles，2001）通过对欧洲的12家以及美国的7家重要的国有航空公司的面板数据所进行的研究显示，虽然产业竞争对经营成本没有太大的影响，但是员工成本和航空公司的利润之间的确实存在着十分显著地关联[104]。费尔南德斯（E. Fernandes，2002）按照乘客数量对巴西的35家国内机场的资源的利用率进行测算结果显示，其中16家机场对资源的利用是有效的，并且可以根据市场需求来预测基于游客标准认知水平的机场容量扩张时期[105]。提升航空公司绩效的关键在于有效的机场经营，但是现在很少有研究是评价机场的经营绩效，萨尔基斯（J. Sarkis，2004）将员工人数、经营成本、出口和跑道数量作为投入变量，把客流量、经营收入、客运飞机起降架次、飞机起降总架次和总货物运输量作为产出变量，对44家美国的主要机场5年间的经营绩效进行评估的结果显示，先后有15家机场在五年间的经营是有效率的，但没有任何一家机场在五年间全部有效率，根据这些机场五年间的绩效值，利用聚类分析方法，可以建立提高绩效的基准值[106]。此外，一些学者以1996年的马来西亚雪兰格州（selangor，malaysia）的交通部门的46个服务单元为对象，将劳动力、服务质量等因素作为投入产出变量，对公共部门的服务效率做了评价[107]。在其他领域，降低商务旅游成本也是旅游交通企业提高经营效率水平的重要工作内容。贝尔（R. Bell，1995）在区别航空运输、汽车租赁、住宿费用、劳动力等十多个产出变量和投入变量的基础上，对公司控制商务旅游成本部门运作效率运用DEA方法进行评估的结果表明，可以通过有效控制降低这些部门16.1%的现有成本，来获得目前的产出水平[108]。而使用相同数据，安德森（1999）可以通过SFA方法和线性规划技术得到这两种方法的平均效率值依次是0.946和0.874[109]，这三种不同的方法在计算效率的结果上有一些差别，但是这些部门的经营管理效率在整体上依然是较为高效的，运用一些成本控制手段能降低公司商务旅行的成本。

2.3.1.4 旅游目的地技术效率的研究

在韩国，一些学者将五个具有代表性的且具有不同属性的国家公园作为研究对象，运用附随价值法（CVM）和二分选择（DC）问卷，采用直接访谈并进行问卷调查，评估了国家级公园的利用价值和保护。调查结果显示：国家公园的地理位置和资源对促进使用价值，游客在选择国家公园的价值时会考虑它们的时间和交通成本；但是国家公园的地理位置会抑制它的保护价值；不同的国家公园中两种价值的作用有所不同。通过对比使用价值和政府财政支出可以得出，政府要实现国家公园的可持续发展就必须对国家公园进行财政支付[110]。此外，作为一种特殊类型的旅游目的地的节事活动主办地要提高系统的经营和管理效率就要提高系统的组织效率。在研究与节事活动相似性的手工业组织的基础上，布雷达（P. Preda，2003）对澳大利亚的重要的体育节事主办地的运行效率运用承载力管理理论的调查分析表明，节事运营效率低是因为供给、需求、自然因素等[111]。

2.3.2 国内相关研究进展

国内旅游经济效率的研究起步于 21 世纪初，与国外相比较晚，而且研究重心与国外相比也有所差异，我国主要侧重于宏观与中观层面的研究，如区域旅游经济效率、区域旅游企业效率、区域酒店效率等方面的评价。

2.3.2.1 区域旅游经济效率评价研究

张根水（2006）运用 DEA 方法的 CCR、CGS 模型测算了山西省 1998 ~ 2002 年的旅游业经营效率水平，并与陕西省、广东省进行了对比分析，研究发现山西省旅游业规模效率较低，但处于规模收益递增阶段，可以通过增加对旅游业的投入来提升旅游业的效率[112]。朱顺林（2005）采用 DEA 方法的 BCC 模型将技术效率引入中国旅游经济效率的分析，测算了中国 2003 年的旅游经济效率，结果发现我国综合技术效率的均值水平只有 0.433，其主要原因在于各区域的平均纯技术效率较低，通过深入分析发现许多省市的规模效率与纯技术效率存在背离现象，这也是导致整体的技术较低的一个原因[113]。陆相林（2007）使用 DEA 方法中的 C^2R 模型，分别从效率与规模收益两方面对山东省 17 个地市的旅游发展效率进行了评价，并针对不同类型做出了相对应的方案，同时也说明了将 DEA 方法运用到对区域旅游发展进行评价的基本思路和要关注的重点[114]。顾江（2008）等运用 DEA 方法中的 BCC 模型分别对中国 31 个地区在 1997 年、2001 年以及 2005 年的旅游生产率进行了测算，其结论表明我国各地区的平均旅游生产效率先降后升，且呈东、西高而中间低的格局，同时还采用特比特（Tobit）回归模型识别了影响旅游生产率的因素，其中固定资产额对旅游生产率有正向影响，旅行社总数对生产率有负向影响，区位条件不产生影响[115]。马晓龙等（2009）运用 DEA 模型，比较分析了在规模收益保持不变以及非增长两个不同条件下国家风景名胜区的效率，同时将总效率划分成利用效率、规模效率和技术效率三部分。通过对比发现我国的 136 个国家级风景名胜区的利用效率都比较高，但是规模效率和技术效率都比较低，因此，规模效率是影响总效率的主要因素[116]。朱承亮（2009）等采用随机前沿生产函数（SFA）测算了2000～2006年间中国31个地区的旅游经济效率，在这7年间旅游经济效率总体呈现上升的态势，但是总体水平偏低，增长潜力巨大。同时也发现旅游经济效率的区域差异很显而易见，高低顺序依次为东部地区、中部地区、西部地区，但这种区域之间的差异正逐渐缩小[117]。于秋阳（2009）等使用数据包络分析法中的CCR模型研究分析了长三角各个城市的旅游经济效率时空差异，发现其旅游经济效率呈逐年上升的状态，其中，上海市的旅游经济效率长期处于有效状态，江苏省高于长三角旅游经济效率的平均水平，浙江省低于长三角的平均水平，并且与前两者有较大的差距[118]。陶卓民（2010）等运用数据包络分析法测算了中国在1999～2006年间旅游业发展的技术、规模与全要素生产的效率，研究表明，中国旅游业发展的技术效率相对较低，而且有下降的趋势，旅游投入处一种规模不经济状态，但效率提升潜力大[119]。岳宏志（2010）等采用DEA方法测算了我国31各省市区2001～2007年区域旅游产业的技术效率，最后发现7年间我国各地区的旅游产业的技术效率都小于1，基本上是“U”型变化，平均值是0.571，具有较大提升空间。并按照技术效率值的高低将31个地区分为高效率、中等效率、低效率三个类型，其中低效率的区域占70.97%的比重。通过各区域间的对比分析可以看出，东部地区的旅游产业技术效率比全国水平高，中部、西部落后于全国水平，区域差异有缩小的趋势[120]。马晓龙（2009）等使用数据包络分析方法中的BCC模型计算分析了2005年我国58个城市的旅游经济效率，并把旅游效率划分成规模效率、技术效率和利用效率。研究成果表明，东部城市的旅游经济效率明显比其他区域高，从对效率进行分解的过程中可以看出各区域规模效率的差异比较大，技术效率与利用效率间的差异相对较小，效率高的大多是经济发达地区以及大城市；影响总效率的直接因素是规模效率，但是区域经济发展的不平衡性是引起各个城市资源投入水平存在差异的原因，最后分析了规模效率空间差异与总效率空间差异的根本原因[121]。梁明珠（2013）等将广东省的21个地级市连续7年的面板数据作为研究对象，应用DEA－MI模型，对各城市的旅游经济效率的动态变化与大小差异进行了对比分析，对比分析各市的旅游发展规律和演进模式，结果显示：广东省整体旅游经济效率高，但城市和城市之间有很大差距，但有缩小的趋势；可以按照旅游经济效率的“大小”与“变化”这两个维度做出的四分图将各城市的效率状态分为4种类型[122]。王宗超（2013）等运用数据包络分析法（DEA），分析了浙江省2002～2011年11个地级市旅游业效率时空差及其相应的变化特征，结果显示：浙江的旅游经济效率总体水平较高，但依旧存在地区差异，形成了高、中、低3个层次；旅游业效率与区域旅游经济发展水平相关，随着旅游经济的扩张，旅游业效率呈现出以高效率值为顶峰的波动规律；各城市的旅游业效率总体上呈不断上升趋势，区域间的效率差距不断变小并趋于稳定[123]。杨淑霞（2012）将全国31个省市作当作分析对象，使用改进的DEA模型研究了中国2007～2010年旅游经济效率的时空差异，并收敛检验了旅游经济效率变化趋势。研究显示：2007～2010年我国的旅游经济效率存在显著的地域差异：东部高、中部低，东北和西部在二者之间，东部有下降的趋势，而中部和东北呈上升的趋势；由于东部的影响，我国的旅游经济效率整体出现收敛趋势，即各省市间的距离在逐步减小；她提出，要提高旅游经济效率首先应该提高旅游业服务接待质量和改善交通环境[124]。赵磊（2012）运用DEA－Malmquist生产指数计算分析了1999～2009年间我国各省市的经济增长效率，同时采用动态面板广义矩估计的方法对旅游发展影响经济增长效率的机制进行了研究。研究结果显示，中国省级经济增长效率总体呈现出低效率发展水准，但表现出逐步改进的趋势，目前，促进经济效率增长的主要原因是技术效率的增长，旅游发展当期与经济增长效率间有明显负相关关系，而滞后一期的旅游发展与经济增长效率之间有非线性的“U”型关系；在旅游发展滞后一期的基础设施建设和产业结构升级对经济增长效率影响中发挥着积极地调节作用[125]。王坤（2013）等将长江三角洲2004～2010年间25个旅游联盟城市的旅游业投入、产出数据作为研究对象，使用修正DEA模型计算分析了城市旅游经济效率，同时运用ESDA－GIS和空间计量模型研究分析了旅游经济效率的空间特征与溢出效应。其结果显示：长江三角洲的城市旅游总效率呈上升的趋势，这来自规模效率的不断增长；总效率、纯技术效率和规模效率都有很强的空间集聚性；城市旅游经济效率有着空间溢出效应与空间依赖性，影响旅游经济效率的正向因素主要是劳动力与固定资产的投入。经过对旅游产业链的调整、区域间合作的深化和投入要素的比例的优化等手段可以促进长江三角洲的旅游业健康持续的发展[126]。胡丽丽（2013）采用多层次灰色评价模型分析研究出了区域旅游经济效率改变的关键影响因素，使用 DEA 方法对区域旅游经济效率进行分析并归纳出其变化规律，利用面板数据模型来验证识别的影响因素。结果显示，旅游经济效率的提高和区域经济的发展水平、服务业的发展水平、固定资产投资和区位条件等呈正相关关系；与服务业发展规模呈负相关，旅游经济效率会随着服务业发展规模的降低而升高，但影响程度不大[127]。赵定涛（2012）等使用 DEA 方法和主成分分析法，分不同的阶段分析了我国 30 个省市旅游业的区域技术效率差异和它们的影响因素。研究表明，我国旅游业的总体效率很低，在地域的分布与发展的格局上有明显的差异，总效率和规模效率呈峰状，中部地区较高、东部地区和西部地区较低的态势，纯技术效率则是从东部、中部到西部依次降低；各种资源的配置很不合理，迫切需要相互优化整合。同时，新闻媒体对旅游业的曝光度和旅游业的综合技术效率存在着明显的相关关系，政府提升旅游经济效率的重心应当是加大旅游宣传和区域间相互合作[128]。刘文虎（2012）等运用管理学中专门用于效率评价的 DEA 方法，构建相应的评价指标体系，对山东省 17 个城市的旅游产业经营绩效进行了评价。研究发现，山东各城市旅游产业发展状况总体来说有了很大进步，但是发展不均衡，特别是在接待入境游客及入境游收入方面差距较大。从发展阶段来看，大部分无效城市都处在规模收益递增的阶段，旅游产业有非常大的发展潜力，通过产业规模的扩张，这些城市仍可以获得更高的收益。从总效率的分解来看，山东各城市由于区域经济发展不平衡，导致受自身因素的影响，在旅游生产的资源投入上也存在较大差距，制约城市旅游总效率水平提高的关键是规模效率。所以，扩大旅游业投入资源的规模是实现各城市区域旅游经济效率提高的重要因素[129]。盛旭东（2012）等运用数据包络分析法，选择有关指标，研究评价了我国 31 个省（市）、自治区的旅游业效率。研究结果显示，各地区旅游经济效率存在显著差异，但是东部、中部、西部三个地区之间效率差异不大。最后按照效率的不同将 31 个省（市）、自治区进行划分成不同的类型，并针对其提出了相应的对策[130]。赵磊（2013）采用非参数 DEA - Malmquist 指数法对中国 2001 ~ 2009 年省际旅游全要素生产率进行了测算，并进行了生产率指数分解，研究了中国旅游全要素生产率的时序变化以及地区差异，又运用经济增长收敛理论对中国旅游的全要素生产率进行了 σ 和 β 收敛性检验。研究成果显示，我国的旅游全要素生产率平均每年上涨 12.7%，技术进步创新率有 6.7% 的增加，技术效率有 5.6% 的增加，我国旅游全要素生产率的增长源自技术的创新和进步；我国的旅游全要素生产率有着明显的时空差异性，我国的旅游全要素生产率没有明显的 σ 收敛和条件 β 收敛，但有着明显的绝对 β 收敛，这显示出我国各个地区的全要素生产率的距离在逐渐减小，最后将处于一个相对稳定的平衡状态，但是我国旅游业发展还没有成熟，因此，我国旅游全要素生产率增长现阶段没有一个适合的收敛途径[131]。梁流涛（2012）等利用 DEA 模型以省（市）为核算单位，对我国 1999 ~ 2008 年的旅游产业技术效率进行研究，然后将其分解为纯技术效率和规模效率，对旅游经济效率的时空特点和演变的由来进行了探索。最终得出结论：我国旅游业综合技术效率的平均值仅仅是 0.330，1999 ~ 2008 年旅游经济效率呈先降后升趋势，由于 2003 年“非典”疫情的影响，旅游经济效率显著下降；各省（市）的旅游经济效率有十分显著的区域差异，其中旅游经济效率较高是有着较高经济发展水平的东部地区，而发展水平较低的中、西部的旅游经济效率低，并且都低于全国的平均水平；纯技术效率与规模效率整体上都不高，还有很大的提升空间，纯技术效率对技术效率的影响和限制程度比规模效率稍强一些；大多数的省（市）旅游产业处于规模报酬递增阶段，通过规模扩张，可以获得更高的回报[132]。徐建伟（2013）等运用超效率的 DEA 模型研究了我国 2007 ~ 2010 年间旅游经济效率的时空差异，同时研究了旅游经济效率的指标敏感性。结果显示，在此期间我国的旅游经济效率有十分显著的区域差异，东部高、中部低、东北和西部居中，呈现出中部、东部、西部逐渐下降趋势，而中部和东北呈上升趋势；我国的旅游经济效率受到东部地区与东北地区的旅游经济效率变化的影响，呈现出发散趋势，也就是说各省市间的差异程度正在逐步增加，其中影响旅游经济效率的重要因素是交通条件和旅游业从业人员的数量[133]。

2.3.2.2 旅游企业效率评价研究

胡燕京（2006）等运用DEA模型测算了我国2005年27个旅游上市企业的经营绩效，结果发现我国旅游上市企业效率均值为0.7393，规模效率的均值小于纯技术效率的均值，但所有企业都处于规模递增阶段[134]。许统生（2010）采用DEA方法的CCR模型对我国深沪两市A股旅游上市公司2002～2005的技术效率进行了测算，然后把旅游上市公司划分为酒店类、景点类与综合类进行讨论，结果发现酒店类与综合类旅游上市公司的技术效率明显高于景点类公司，而且研究发现股权集中度对技术效率的影响存在显著的倒“U”型关系[135]。林源源（2008）等采用DEA方法的BCC模型对我国2005年的23个主要城市旅游企业技术效率进行了测度，结果显示我国城市旅游企业整体效率水平为0.703，并不高。而整体效率水平低下的原因在于纯技术效率水平低下，提高旅游企业的资源利用效率是未来旅游企业发展应该选择的道路。但同时也存在许多企业的纯技术效率与规模效率背离的现象，使得综合效率较低[136]。郭岚（2008）等提出了基于DFR的DEA的超效率BBC组合评价模型，避免了由于指标过多而影响评价结果的因素，并对我国20家旅游上市公司2000～2005年的效率进行了评价，通过超效率DEA模型的运用，有效区分了效率值都为1的旅游上市公司效率[137]。杨勇（2008）等采用中国省际的1999～2005年共计217个样本，选用旅游企业生产率、资本密集度等变量，运用生产函数的随机前沿理论剖析了我国旅游企业技术效率的区域差异及其影响因素，结果发现我国东部、中部、西部服务业技术效率存在显著的差异状况，这是我国省际旅游企业劳动生产率差异的最主要原因，而导致我国旅游企业技术效率区域差异的重要因素则分别是旅游业产业地位和劳动力素质的差异，产业地位和劳动力素质会给我国旅游企业的技术效率带来显著的正效应，而与传统观点不一致的是省际旅游资源享赋的差异并没有对旅游企业的技术效率产生显著性影响[138]。孙媛媛（2010）等采用DEA方法的BCC模型评价了我国23家旅游上市公司2008年的效率，结果发现酒店类上市公司平均效率最高，综合类次之，景点类最低，且从事相同子行业的企业效率差异程度也有不同，同时按照23家公司的区域分布进行了分析，东部地区的公司效率高于中部、西部地区，与我国的区域经济发展趋势一致，反映出旅游业与经济发展高度依赖[139]。谭伟（2010）等选取了我国 10 家旅游上市公司为代表，采用 DEA 方法的 CCR 和 CZGSZ 模型测算了 2005 ~ 2008 年运营效率，结果发现 10 家公司的综合效率均值为 0. 764，而且公司之间的效率存在明显的差异性，旅游企业综合技术效率提高的主要原因在于规模效率的提高，同时对投入和产出指标的松弛变量进行计算，得到了各个旅游上市公司未来发展调整的方向[140]。

2. 3. 2. 3　酒店效率评价研究

彭建军（2004）等采用 DEA 方法的 CCR 模型，分别测算了北京，上海，广州一星级、二星级、三星级、四星级、五星级酒店 1999 ~ 2002 年的效率。结果发现上海星级酒店的相对效率高于北京和广东，北京的酒店业连续 4 年均存在产出率不足的问题，在 2002 年有加大的趋势，广东酒店效率在 2001 年高于上海和北京，但 2002 年又低于两地。同时还发现上海四星级、五星级的高星级酒店效率较高，而且北京、广州均较低，这与两地的整体投资规模过大、人均利润产出不足关系密切。三地其余的经济型酒店产出效率都较高[141]。陈浩（2005）采用 DEA 方法的 CCR 模型计算了浙江省 2001 年星级酒店的效率，结果显示浙江星级酒店经营绝对总量，如营业收入、上缴营业税金额等位居全国前列，但总体经营效率较低，在资源配置、管理效率等方面都有待改善[142]。陈浩（2005）等采用 DEA 方法的 CCR 模型测算了北京市 2000 ~ 2002 年的 5 个星级的酒店效率。结果显示北京市星级酒店总体效率较高，12 个决策单元 7 个处于有效状态，五星级酒店效率在逐渐提高，并最终达到了有效程度，四星级酒店也较高，但处于规模收益递减阶段，三星级酒店效率逐渐提高，并达到有效，一星级、二星级酒店效率都处于有效状态[143]。

董卫（2006）等采用 DEA 方法的 CCR 模型测算了某酒店 1 ~ 6 月的经营效率，并分析了由于时间的不同而产生的市场需求不同所造成的酒店效率的差异[144]。黄丽英（2008）等运用 DEA 方法的 CCR、BCC、NIRS 模型，对我国八大地区的四星级、五星级酒店 2005 年的效率进行了测度，结果表明四星级、五星级酒店的技术效率和纯技术效率区域差异性很大，但规模效率差异不大。四星级酒店效率（0.872）比五星级酒店效率（0.859）稍微高出一些，同时发现高星级酒店技术效率的高低与当地的酒店业发达程度有一定差距，并不是酒店规模大、资产多的省份的运作效率更高[145]。简玉峰（2009）等采用随机前沿函数测算了张家界2007年70家星级酒店的效率。结果表明四星级酒店效率最高（0.9201），一星级酒店次之（0.7841），二星级、三星级效率最低。从所有制结构来看，酒店效率高低顺序依次为国有独资酒店、股份制酒店、外商独资。同时还发现酒店的效率与产权结构、星级级别、地理位置、人力资源等因素关系紧密[146]。刘家宏（2010）采用DEA方法的CCR和BCC模型对我国25个地区的三星级酒店2007年的效率进行了测度。结果表明纯技术效率较低是影响我国三星级酒店效率低下的主要原因，酒店效率的高低与区域的经济发达、酒店运作效率和行业成熟度较好是密切相关的[147]。

2.3.3 国内外研究评价

30年来，国内外在对旅游效率研究这方面，取得了非常丰硕的成果，尤其是在酒店、旅行社等传统产业要素方面较为固定的研究方法与路径已基本形成，且对城市“目的地”产业等领域的研究也方兴未艾，在旅游发展过程中，许多相关成果对其资源的最大化利用做出了重大而显著的贡献。归纳起来，旅游效率研究呈现出以下特点：

①研究视野不断扩大。旅游效率研究最早起源于欧美，内容主要集中在酒店业经营效率和管理效率方面，现有相关文献也主要集中在这一领域。随着研究视野的不断扩大，研究内容也不断向旅行社、旅游交通等其他领域扩展，并进一步延伸到旅游目的地、旅游产业等综合性部门。总体来看，尽管文献数量在各产业部门之间存在差异，但内容几乎已经涵盖到传统旅游产业的所有领域，并从研究对象上呈现从单一产业部门到综合产业部门。研究领域从与游客感知较强部门向与游客感知较弱部门。研究涉及对象从欧美等传统旅游目的地向亚太等新兴旅游目的地经济体逐渐转移与扩大的趋势。

②研究厚度不断加深。近年来，随着研究规范性的不断加强，旅游效

率研究逐渐回归到旅游研究的一般范式中，研究深度不再仅仅局限于现象和结构的描述，而逐渐向过程和机理进行深化，研究者要回答的问题不再是简单的效率是多少，而是向着更为复杂的效率是什么、效率是如何形成的、效率为什么会形成等深层次发展，研究结果对资源利用能力加强的实践意义和分类指导意义更加明显。

③研究方法不断丰富。从现有文献来看，旅游效率的定量研究明显多于定性研究，其中，广泛采用的方法包括数据包络分析、随机前沿函数、曼奎斯特指数及其改进模型等，这些数理模型在旅游效率研究中也确实表达了很强的适用性，且随着研究复杂性的不断深入，一些对指标进行选取与优化的方法，如主成分分析、因子分析等也逐渐引入到旅游效率研究中，更加强化了定量研究在效率表达中的作用；同时，考虑到我国旅游产业发展过程中政府居于主导作用的实际，相关体制机制对旅游效率的影响相较于国外更加明显，学术界与之相关的研究也在不断增多，这些研究不但丰富了旅游效率研究的方法论体系，同时也增加了对旅游效率形成原因和机理的多元化解释，特别适合于中国旅游产业发展实际。

④研究交叉程度更加复杂。早期旅游效率研究人员大多以管理学、经济学为背景，这种学科背景也直接决定了旅游效率研究大多从管理效率、经营效率等角度入手，对评价结果的解释也基本遵循相关学科的理论体系，随着研究范围的不断扩大，以地理学、社会学、环境学、生态学等为背景的学者也逐渐开始渗透到旅游效率研究中来，研究范围也进一步扩大到城市效率、服务效率、生态效率等更加广阔的领域，学科之间的交叉与融合程度不断复杂化，对效率来源的解释也更加多样化，旅游效率研究不断向纵深方向发展。

尽管已经取得了一系列进展，但与旅游目的地、旅游影响、旅游市场等传统热点领域相比，学术界尚未对旅游效率研究给予足够重视，目前对旅游经济效率的研究还有不足之处，主要包括以下总结的几个方面：

①缺乏旅游效率形成过程的研究。虽然旅游效率研究已经呈现从描述性研究向解释性研究转移的趋势，但现有研究仍是以对旅游效率的简单测算和结构描述为主，特别是在原本就为数不多的国内文献中，更是缺乏对效率形成过程的综合性分析，而对于旅游产业实践而言，效率形成过程的

综合性分析，即效率形成的过程才是指导旅游企业、旅游目的地等决策单元提高资源利用能力的有效参考。

②旅游效率成果的直观表达不足。旅游效率研究的根本目的是提高旅游产业发展过程中各主体对资源投入的利用能力，现有以定量研究为主的特征在很大程度上制约了研究成果的直观表述，无论是在效率的形成过程中还是在效率的相关解释中，复杂的数学公式和专业化的学术语言很大程度上限制了研究成果的推广与应用，也限制了旅游效率研究群体的扩大，怎样在遵循科学研究范式与研究步骤的基础上，采用更加通俗易懂、易于大众接受的语言讲述最复杂的道理，缩小理论研究与实践生产之间的差距，加大成果的转化和应用力度，是未来旅游效率研究的一个方向。

③旅游经济效率的影响因素缺乏系统性分析。目前，很多文献研究了旅游经济增长的影响因素，但对旅游经济效率的影响因素却缺乏系统的研究。若要提高旅游经济效率，则需要知道旅游经济效率的影响因素有哪些，哪些是正向因素，每个正向因素对提高旅游经济效率的贡献率是多少？哪些是负向因素，哪些是无关因素。这样，在提升旅游经济效率的过程中知道每一个因素的轻重缓急，政府制定政策时才会有的放矢。

2.4 本章小结

本章属于本书研究的理论基础，主要包括相关理论研究和文献综述两部分。相关理论研究主要从效率的相关思想、效率的含义及效率的研究方法三方面展开。文献综述部分分为国外研究现状与国内研究现状。国外关于旅游经济效率的研究起源于20世纪90年代中期。主要的研究内容是针对于旅游企业，如旅行社、酒店、旅游交通等的效率。国内旅游经济效率的研究起步于21世纪初，相对于国外的研究较晚。而且研究内容侧重点与国外有所差异，我国主要侧重于宏观与中观层面的研究，如区域旅游经济效率、区域旅游企业效率、区域酒店效率等方面的评价，对具体的旅游企业研究较少。最后，根据对文献研究，归纳出了旅游效率研究的趋势以及研究的不足之处。

第三章

新疆旅游经济的时空差异演变及空间自相关分析

3.1

新疆旅游经济发展分析

旅游业作为新兴产业，对区域经济发展的作用日益明显，社会各界对旅游业的关注度也大大提升。新疆地处亚欧大陆腹地，陆地边境线5600多公里，周边与俄罗斯、哈萨克斯坦、吉尔吉斯斯坦、塔吉克斯坦、巴基斯坦、蒙古、印度、阿富汗斯坦等八国接壤，在历史上是古丝绸之路的重要通道，现在是“丝绸之路经济带”建设的重镇，战略位置十分重要。新疆现有47个民族成分，主要居住有维吾尔、汉、哈萨克、回、蒙古、柯尔克孜、锡伯、塔吉克、乌兹别克、满、达斡尔、塔塔尔、俄罗斯等民族，是中国五个少数民族自治区之一。新疆也是中国面积最大的一级行政区划，面积166万平方公里，占中国国土总面积1/6。新疆是歌舞之乡、瓜果之乡、黄金玉石之邦。新疆旅游资源丰富，全疆就有56种全国旅游资源类型，占全国旅游资源类型的83%，全疆共有景点1100余处，居全国首位。截至2014年，全疆共有8个五A级景区，这里还有海拔8600米的世界第二高峰，又有低于海平面154米的中国最低洼地。改革开放以来，中央和新疆维吾尔自治区政府非常重视新疆旅游业的发展，一直将旅游业作为新疆经济发展的重点。从1978年开始，新疆旅游业逐步发展，从无到有，从小到大，新疆旅游业从20世纪90年代开始进入了蓬勃发展时期，旅游业成为新疆对外开放的主要窗口，让世界各国人民认识新疆、了解新疆。同时，也是新疆人民了解世界的媒介。图3-1为新疆旅游总收入和新疆旅游人次近20年发展变化趋势图。

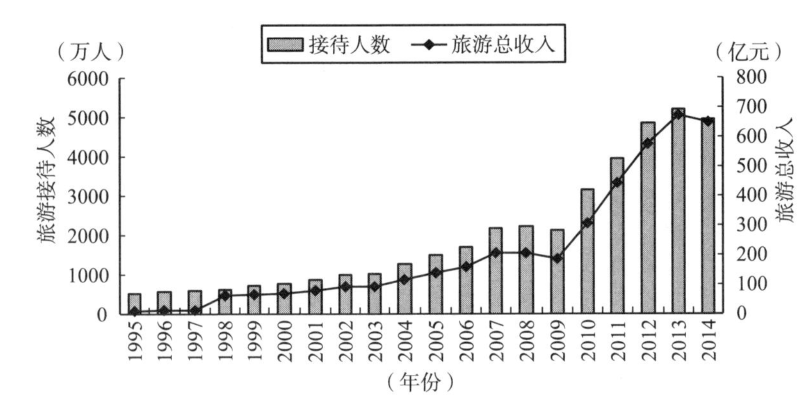

图 3－1　新疆旅游业发展状况

从图 3－1 可以看出，就全疆范围而言，20 年间新疆旅游接待人数和旅游总收入发展高低起伏、总体上是呈上升的趋势。1995 年新疆旅游接待人数为 5343579 人，到了 2014 年新疆旅游接待人数为 49531690 人，是 1995 年新疆旅游接待人数的 9.27 倍，年均增长率为 12.6%；1995 年新疆旅游总收入为 11 亿元，2014 年旅游总收入为 650.32 亿元，是 1995 年新疆旅游总收入的 59.12 倍，年均增长率为 22.6%（旅游总收入为国内旅游收入与按当年汇率换算后国际旅游收入的和）。

20 年间新疆旅游总收入和旅游接待人数的发展趋势与外界环境息息相关，每一个重要的旅游经济变化时间节点都发生了一些关键的事件。表 3－1 是根据新疆旅游产业在发展过程中遇到的外界因素变化而引起的变化进行一个系统的分析，从而来寻找新疆旅游经济效率变化的原因。

表 3－1　　20 年来影响新疆旅游业的重大事件

事件名称	发生时间（年）	事件概况	对新疆旅游业的影响
自治区成立 40 周年大庆	1995	1955 年新疆维吾尔自治区正式成立，到 1995 年成立 40 周年大庆	促进了如新疆旅游业的发展
新疆发生的一系列恐怖事件	1997	东突恐怖分子为了达到其分裂祖国的目的，制造了一系列恐怖事件	使新疆旅游业呈现出下降趋势
亚洲金融危机	1997	爆发于泰国，席卷整个亚洲的一次经融危机	对新疆旅游业的发展起一定的阻碍作用

续表

事件名称	发生时间（年）	事件概况	对新疆旅游业的影响
乌鲁木齐两起公共安全事件	1998	1998 年乌鲁木齐发生两起公共安全事件，使新疆旅游形象受损	对新疆旅游业的影响较小
国内特大洪水	1998	我国长江流域一次百年不遇的全流域型特大洪水	对新疆旅游业的发展影响很小
美国“9·11 恐怖袭击事件”	2001	恐怖分子劫持飞机撞击美国纽约世贸中心和华盛顿五角大楼	对新疆旅游业的发展影响较小
中国加入 WTO	2001	2001 年中国成功加入 WTO 世界贸易组织	对新疆旅游业的发展影响较小
“SARS”事件	2003	一种具有高传染性、高致命性的疾病在我国全面爆发	对新疆旅游业的影响较大，阻碍新疆旅游业的发展
南方重大雨雪冰冻灾害事件	2008	2008 年南方地区发生特大雨雪冰冻天气使许多地区重度受灾	对新疆旅游业有一定的影响
西藏“3·14 事件”	2008	发生在拉萨的一场带有政治色彩的暴力事件，引发国际争议	对新疆旅游业有一定的影响
汶川大地震	2008	8.0 级特大地震使旅游资源和旅游接待设施等遭受严重破坏	对新疆旅游业的影响较小
美国次贷危机引发的金融危机	2008	2008 年 9 月由美国次贷危机引发的金融危机开始席卷全球	对新疆旅游业有较大影响
新疆乌鲁木齐“7·5 事件”	2009	以“热比娅”为首的境外“三股势力”捏造事实，移花接木，为达到其非法目的而制造的一起严重暴力犯罪事件	严重地影响了新疆旅游业的发展，使新疆的旅游业受到了很大的冲击
中央新疆工作座谈会	2010	推进新疆跨越式发展和长治久安做出了战略部署	对促进新疆旅游业的发展有一定的积极作用
中央提出建设“丝绸之路经济带”	2013	丝绸之路经济带，是中国与西亚各国之间形成的一个在经济合作区域，大致在古丝绸之路范围之上	对新疆旅游业的发展有长远的积极作用
“莎车事件”	2014	新疆沙车县发生一起严重暴力恐怖袭击案件	严重地影响了新疆旅游业的发展，使新疆的旅游业受到很大的冲击
第二次新疆工作座谈会	2014	推进新疆跨越式发展和长治久安做出了战略部署	对促进新疆旅游业的发展有一定的积极作用

1995 年自治区成立 40 周年大庆使新疆接待国际游客人数大幅度上升，极大地促进了新疆旅游业的发展。1997 年由于亚洲金融危机和新疆发生的一些暴恐事件使得新疆的旅游业又呈现出了下坡趋势，1998 年的洪水及乌鲁木齐公共安全事件对新疆接待国际游客人数的影响较小，1998 年的洪水属于局部性的自然灾害事件，对新疆旅游业整体没有影响。2003 年初爆发的“SARS”危机是一场全局性的严重自然灾害事件，它严重影响了全国和新疆旅游经济正常发展，但这次危机事件周期较短，2004 年新疆旅游业迅速回复正常，因为 2003 年“SARS”没有来的游客也在 2004 年爆发，所以 2004 年的新疆旅游业呈现井喷式发展，新疆旅游收入和旅游接待量创历史新高。2005 年和 2006 年新疆社会稳定，且没有发生自然灾害，这两年是新疆旅游业发展的一个“黄金时期”，2006 年胡锦涛总书记视察新疆，提出转变新疆经济发展方式，提高经济发展中的科技含量，全疆各行业积极响应，2006 年新疆旅游产业发展达到新高。2008 年对新疆旅游业来说也是挑战和机遇并存的一年，由于年初的南方特大雪灾对一些地区的交通产生了一定的影响，所以对新疆旅游也会产生一定的负面效应。汶川大地震对旅游市场的影响是属于局部性的，所以对新疆旅游业的影响较小。而更为严重的是 2008 年 9 月全面爆发的金融危机给新疆的旅游业带来了更沉痛的打击，所以 2008 年新疆旅游产业发展总体趋势是下降的。由于 2008 年积压了一定的来疆游客，2009 年 6 月新疆旅游业就呈现出良好发展势头，预定的旅游团队超过以往任何一年，但“7·5 事件”的发生使得新疆旅游业遭受了前所未有的重创，新疆实行网络管制，断网一年，缺少现代信息的新疆旅游业，当年来疆旅游人数仅为 2133.6 万人，与 2008 年相比减少 100 万人，全疆旅游总收入 186.07 亿元人民币，与 2008 年相比减少 21 亿元人民币。自“7·5 事件”后，党中央高度关注新疆经济社会发展，于 2010 年 5 月召开中央新疆工作座谈会，为推进新疆跨越式发展和长治久安做出了战略部署，更是把新疆旅游业提上了“跨越式发展”的日程，中央各部委、19 个省市及国有大型企业掀起援疆高潮，3000 亿元资金投入新疆旅游，项目援助、旅游招商、人才培训、客源援疆等成为继民生之后的援疆重点。同时自治区政府努力修复由于“7·5 事件”破坏的新疆旅游形象，对国内外游客宣传新疆社会稳定的状态。但自 2009 年“7·5 事件”后，新疆暴恐事件没有彻底平复，时有发生，这也一定程度抑制了新疆旅游业的正常发展。2011 年的新疆旅游产业大会上，自治区决定，从当年起，新疆财政每年拿出 1 亿元作为旅游发展专项资金，每年增加 5000 万元，到 2013 年增加到 2 亿元。特别是自治区党委、政府再次颁发了《进一步加快发展旅游业的意见》，提出了打造我国重要旅游目的地的战略目标，这对新疆旅游业的快速发展将起到重要的推动作用。2011 年新疆旅游收入和旅游接待人数均有大幅提高，分别比 2010 年增加了 136 亿元和 817 万人。2013 年 9 月，习近平主席提出建设“丝绸之路经济带”伟大构想，为新疆旅游业发展创造了前所未有的历史契机，2013 年新疆旅游总收入和旅游接待总人数均达到历史新高，分别为 673.28 亿元和 5205.7 万人。2014 年 5 月在第二次中央新疆工作座谈会上，中央提出，要“将新疆建设成为丝绸之路经济带旅游集散中心”。2014 年 7 月 28 日，在莎车发生暴恐事件，这极大地影响了新疆旅游业的健康发展。2014 年新疆旅游总收入和旅游接待总人数均较 2013 年有小幅下滑，分别为 631 亿元和 4953.1 万人[148]。

纵向比较新疆旅游业确实是有了很大的发展。然而，与广东、北京、上海等旅游强省横向比较，新疆旅游业总收入、旅游创汇、国际旅游人数等主要经济指标，仍有相当大的差距，而且差距逐年增加。图 3－2 为新疆国际旅游收入在全国排名情况，1995 年新疆国际旅游收入在全国排名第 16 名，尚处于全国中等水平，但自 1998 年起新疆国际旅游收入在全国排名基本为第 22～23 名，并且徘徊不前。

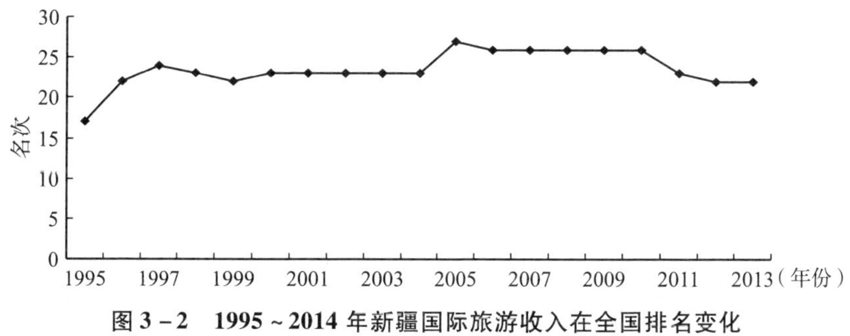

图 3－2 1995～2014 年新疆国际旅游收入在全国排名变化

3.2 新疆旅游经济的时空差异演变分析

近年来，新疆抓住中央新一轮对口援疆的发展机遇，强势发展新疆境内外旅游，要把新疆建设成中国重要旅游目的地。在这一大好形势下，新疆的旅游业发展突飞猛进。但由于旅游资源禀赋、社会经济、交通区位、基础设施等条件的差异，新疆的旅游经济在发展空间上呈现不平衡性，同时新疆的旅游经济随时间的演变也有存在不平衡性。综合研究区域内城市间旅游经济发展的时空差异，不仅有利于了解区域旅游经济演变趋势、优化区域旅游资源、合理生产要素的空间布局和妥善处理城市之间的竞争与整合关系，而且有利于制定有效的区域旅游调控政策，进而促进全区旅游业的共同和谐发展。目前学术界在区域经济差异的研究中，多数是基于省级行政单元数据，对我国旅游经济差异的省际以及地带间的研究居多，而对于城市间尤其是省内城市间的旅游经济差异研究较少。本内容以新疆维吾尔自治区 15 个地州市的旅游经济为研究对象，在 GIS 软件 Mapinfo 9.5 的支持下，运用变异系数、泰尔指数[149-150]等指标对新疆 15 个地州市从 2005~2014 年的旅游经济差异的总体特征及变化做定量研究定性分析，试图找出新疆区域旅游发展水平时空演变规律。

3.2.1 数据的来源和研究区域

为了对新疆各地州的旅游经济做出更全面的分析，并结合中科院新疆分院阎顺的分类[151]，考虑到新疆各地州的地理位置、经济发展条件、民族构成、旅游交通等条件的不同，运用聚类分析法，本书将新疆 15 个地州分为首府圈旅游区、北疆旅游区、南疆旅游区、东疆旅游区四个旅游区来分别进行详细分析。聚类分析的结果为：首府圈旅游区包括乌鲁木齐市、吐鲁番地区、昌吉州、石河子市；北疆旅游区包含克拉玛依市、伊犁州直属县市、塔城地区、阿勒泰地区、博尔塔拉蒙古自治州；南疆旅游区包括巴音郭楞蒙古自治州、阿克苏地区、克孜勒苏柯尔克孜自治州、喀什地区、和田地区；东疆旅游区只包括哈密地区。在时序上选择2005~2014年的连续时间序列。所有的数据来源于2006~2015年的《新疆统计年鉴》和新疆维吾尔自治区旅游局相关统计资料。

3.2.2 研究方法

本章将GIS方法与统计学方法结合起来，在Mapinfo 9.5软件支持下，以新疆15个地州市为研究对象，应用变异系数[152]和泰尔指数等指标方法[153]，从时空上综合的对新疆维吾尔自治区2005~2014年15个地州市的旅游经济差异，首府圈旅游区、北疆旅游区和南疆旅游区三个区域城市间以及四个地带间的旅游经济差异的特征及变化进行定量研究，并从时空上分析造成这些差异的原因，从而深入了解新疆15地州市旅游经济发展的特点、时空差异特征及其影响因素。

变异系数用于描述标准差与平均数间的比值，反应变量之间的离散程度。由于它不具有计量单位，因而有方便使用的优点。利用变异系数判断新疆15个地州市十年来入境旅游收入和国内旅游收入的离散程度。

$$V = \frac{1}{\overline{X}}\sqrt{\frac{1}{N}\sum_{i=1}^{n}(X_i - \overline{X})^2} \tag{3.1}$$

式（3.1）中，V为变异系数；X_i为变量的观测值；$\overline{X}$为变量值的平均值；N为样本的个数，V值越大表明空间的差异越大，集聚性较高[154-155]。

泰尔熵标准（theil's entropy measure）或者泰尔指数（theil index），作为衡量个人之间或者地区间收入差距（或者称不平等度）的指标，这一指数经常被使用。用泰尔熵指数来衡量不平等的一个最大优点是，它可以衡量组内差距和组间差距对总差距的贡献。

泰尔指数可以比较旅游收入和当地GDP这2个经济指标的地区分布，该系数能够分解为组内和组间差异，是衡量区域差异的重要指标，泰尔指数越大，说明地区旅游经济差异越大[156-158]。为了侧重表现旅游经济发展水平的特点，本书选取新疆15个地州市的入境旅游收入、国内旅游收入和GDP三项指标，将新疆15个地州市分为首府圈旅游区、南疆旅游区、北疆旅游区和东疆旅游区四个地带进行对比，并对首府圈旅游区、南疆旅游区、北疆旅游区和东疆旅游区四个地带内部的城市之间的经济差异进行分析。

$$T_B = \sum_i \frac{Yi}{Y} \ln \left(\frac{\frac{Y_i}{Y}}{\frac{G_i}{G}} \right) \tag{3.2}$$

$$T_W = \sum_j \frac{Y_{ij}}{Y_i} \ln \left(\frac{\frac{Y_{ij}}{Y_i}}{\frac{G_{ij}}{G_i}} \right) \tag{3.3}$$

式（3.2）中，T_B 表示地带内部城市之间的旅游经济差异，T_W 表示首府圈旅游区、北疆旅游区、南疆旅游区和东疆旅游区地带之间的旅游经济差异；Y_i 和 G_i 分别表示 i 地带内旅游总收入和 GDP，Y_{ij}和 G_{ij}分别表示 i 地带内第 j 个城市的旅游总收入和 GDP。

3.2.3 新疆旅游经济发展时空演变特征分析

3.2.3.1 新疆入境旅游差异在时间序列上呈较强波动变化，国内旅游差异在时间序列上波动不明显

图 3-3 显示，2005~2008 年新疆入境旅游发展变化不大，变异系数基本维持在 2.3 左右；2009~2010 年新疆入境旅游变异系数呈大幅度下降，2010 年达到新低，为 1.86，表明该年新疆入境旅游经济发展差距最小；2010~2012 年新疆入境旅游变异系数又呈小幅上升趋势，由 1.86 增长到 2.1；2013~2014 年新疆入境旅游变异系数较稳定，维持在 1.85 左右，表明 2013~2014 的两年里新疆入境旅游发展差异慢慢减小，并进入稳定状态。从图 3-3 可以看到，相对于入境旅游，新疆国内旅游差异在此段时间序列上没有新疆入境旅游差异波动明显，2005~2014 年新疆国内旅游差异变化不大，变异系数从 2005 年的 1.61 变化为 2015 年的 1.67。2007 年新疆国内旅游差异这十年来达到最小，为 1.48。2007~2009 年新疆国内旅游差异有缓慢上升的趋势；2009~2014 年新疆国内旅游差异处于逐渐平稳的趋势。

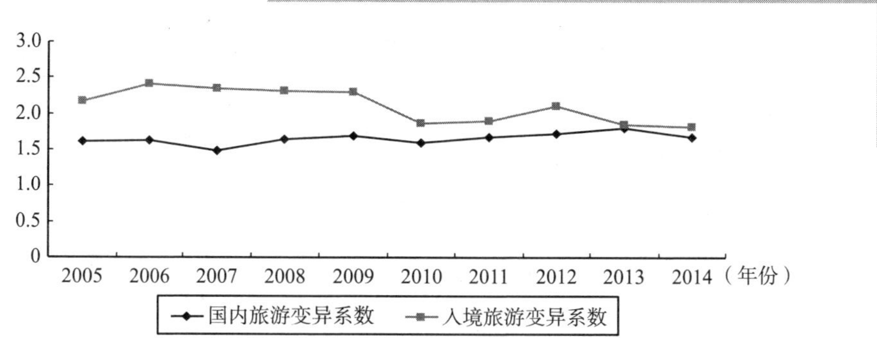

图 3－3　新疆旅游经济入境旅游收入和国内旅游收入变异系数

3.2.3.2　新疆地带间及地带内旅游经济收入不平衡度呈波动状态

图 3－4 显示在 2005～2014 年时间序列上北疆旅游区城市内部的国内旅游经济收入的不平衡度波动程度较南疆旅游区和首府圈旅游区的明显，同时北疆旅游区城市内部的国内旅游经济收入不平衡度高于首府圈旅游区、南疆旅游区和区域间的，且 2009 年北疆旅游区的泰尔指数为最低，达到 0.31。南疆旅游区、首府圈旅游区和区域间的国内旅游收入的不平衡度在 2005～2014 年时间序列上呈轻微波动状态，2009 年首府圈旅游区内部城市国内旅游收入的不平衡度达到最大达到 0.30，到 2010 年首府圈旅游区内部城市国内旅游收入的不平衡度又开始回落。2007～2010 年南疆旅游区城市内部国内旅游收入的不平衡度呈下降趋势，直到 2011 年南疆旅游区城市内部国内旅游收入的不平衡度达到十年来最低 0.10。2005～2014 年区域间的国内旅游收入的不平衡度波动不大，但 2014 年区域间的国内旅游收入的不平衡度达到了这十年来的最大（见表 3－2）。

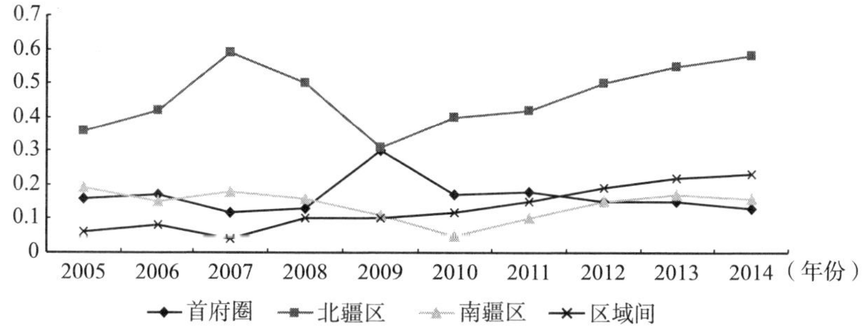

图 3－4　2005～2014 年新疆国内旅游经济差异分解

注：因东疆区只有哈密一个地区，内部不存在差异性问题，故图中未显示。

表 3－2　新疆国内旅游收入的变异系数及泰尔指数（2005～2014 年）

年份	变异系数	泰尔指数			
		首府圈	北疆区	南疆区	区域间
2005	1.61	0.16	0.36	0.19	0.06
2006	1.63	0.17	0.42	0.15	0.08
2007	1.48	0.12	0.59	0.18	0.04
2008	1.64	0.13	0.50	0.16	0.10
2009	1.69	0.30	0.31	0.11	0.10
2010	1.59	0.17	0.40	0.05	0.12
2011	1.68	0.18	0.42	0.10	0.15
2012	1.72	0.15	0.50	0.15	0.19
2013	1.81	0.15	0.55	0.17	0.22
2014	1.67	0.13	0.58	0.16	0.23

图 3－5 显示，在 2005～2014 年时间序列上南疆旅游区和北疆旅游区城市内部的入境旅游收入不平衡度指数明显高于首府圈旅游区的和区域之间的不平衡度指数，并且北疆旅游区城市内部的入境旅游收入的不平衡度指数的波动程度较南疆旅游区的较大。2006～20013 时间序列上首府圈旅游区城市内部入境旅游收入的不平衡度指标指数一直波动较小，但 2013～2014 年期间该地带内的入境旅游收入不平衡指数迅速增大。在 2005～2014 年时间序列上地带间的入境旅游收入不平衡度波动较大，2006～2007 年时间序列上地带间的入境旅游收入不平衡度呈缓慢上升趋势，2007～2010 年时间序列上地带间的入境旅游收入不平衡度呈下降趋势，但 2010～2012 年时间序列上地带间的入境旅游收入不平衡度又呈上升趋势，2012～2014 年时间序列上地带间的入境旅游收入不平衡度呈下降趋势（见表 3－3）。

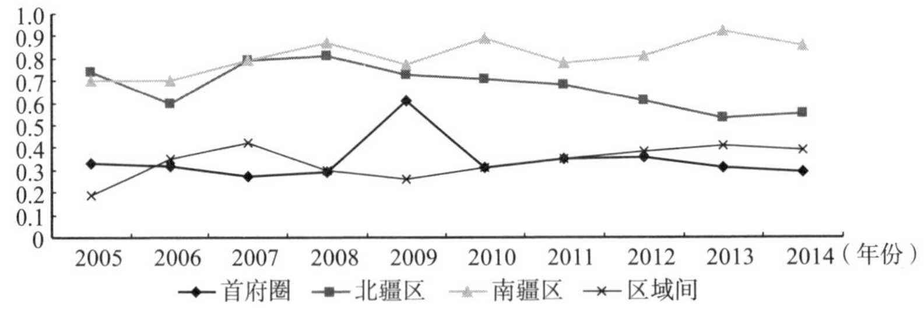

图 3－5　2005～2014 年新疆入境旅游经济差异分解

注：因东疆区只有哈密一个地区，内部不存在差异性问题，故图中未显示。

表 3-3　　新疆入境旅游收入的总体差异（2005~2014 年）

年份	变异系数	泰尔指数			
		首府圈	北疆区	南疆区	区域间
2005	2.17	0.33	0.74	0.70	0.19
2006	2.41	0.32	0.60	0.70	0.35
2007	2.35	0.27	0.79	0.79	0.42
2008	2.31	0.29	0.81	0.87	0.30
2009	2.30	0.61	0.73	0.77	0.26
2010	1.86	0.31	0.71	0.89	0.31
2011	1.90	0.35	0.68	0.78	0.35
2012	2.10	0.36	0.61	0.81	0.38
2013	1.85	0.31	0.53	0.92	0.41
2014	1.82	0.29	0.55	0.86	0.39

3.2.4 新疆旅游经济发展时空差异性分析

3.2.4.1 新疆入境旅游市场

1. 空间集聚度原因分析

（1）受政策和旅游交通设施的影响。2000 年中央决定实施西部大开发战略和 2010 年 19 个省份对口支援新疆政策，为加快新疆旅游业发展提供了新的机遇，自治区党委、自治区人民政府已决定将旅游业列为全区经济发展具有优势和潜力的产业；以《国务院关于进一步加快旅游业发展的通知》精神为指导，实施以政府为主导、市场需求为导向的大旅游发展战略；充分发挥口岸优势，搞活边境旅游。据《中国统计年鉴》（2006~2015 年）分析显示，由于新疆特殊的地理位置，位于中国的大西北，外国人、港澳同胞、台湾同胞主要通过航空方式入境旅游。而目前新疆最大的两个国际航空港一个是乌鲁木齐的地窝铺机场，另一个是喀什机场。乌鲁木齐是整个新疆的交通枢纽，是整个新疆的政治、经济、文化的交流中心，因此吸引了较多的入境游客。除此之外，喀什与伊犁州因为口岸优势，在边境旅游这方面吸引了不少的入境游客。综合以上因素，入境客源市场主要集中在乌鲁木齐、喀什、伊犁州。

（2）受入境旅游接待设施的影响。据《中国统计年鉴》（2004～2015年）分析，入境游客按事由分类依次为“观光休闲”“会议和商务”“其他”“服务员工”“探亲访友”五类。其中，因“观光休闲”和“会议和商务”入境的游客占总数的65%以上。因此，旅游接待设施是否完善便成为“观光休闲”和“会议和商务”入境游客停留的关键。截至2014年，乌鲁木齐有星级宾馆63家，其中五星级十家；阿勒泰地区有星级宾馆48家；喀什有星级宾馆33家；吐鲁番有28家。尤其是乌鲁木齐的星级宾馆的数量远远超过了其他地州市的。入境旅游接待设施的集聚使得入境旅游市场在乌鲁木齐、伊犁哈萨克自治州、喀什、吐鲁番集聚具备了物质条件。

（3）旅游资源禀赋的影响。喀什历史悠久，人文荟萃，存有众多的伊斯兰教和佛教的古墓葬、古建筑，显示了丰富的文化历史内涵。因其处于沙漠的绿洲之中，自然景观亦颇具特色。至于古尔邦节、肉孜节、叼羊等独特的风俗人情，更是道速闻名。这些，为发展喀什的旅游事业，提供了优越的条件。喀什的主要旅游景点有香妃墓、石头城、艾提尕尔清真寺等。这些浓郁的民族风情是吸引入境游客的又一重要因素。俗话说得好“来到新疆不到喀什，等于没来新疆”，这句话就点明了喀什在新疆的独特之处。同时吐鲁番的热，吐鲁番的甜，吐鲁番的干等独特的旅游资源是吸引入境游客的重要的客观条件。此外，伊犁州被称为我们新疆的“塞外江南”，也是入境游客值得一去的地方。

2. 2005～2014年时间序列上的差异性分析

（1）2005～2006年新疆入境旅游差异呈上升。随着2003年“非典”疫情的消失，再加上经济发展水平的差距逐渐增大，有接待能力的地州市恢复了以前的优势，因此此段时间序列上新疆入境旅游差异呈上升趋势。但2006～2009年之间的新疆入境旅游差异又缓慢下降。2007年阿富汗发生暴乱，由于新疆与阿富汗接壤，影响了入境游客的进入；2008年是全球的奥运年，使得众多的入境游客聚集在奥运的举办地北京；2009年新疆发生了“7·5事件”，严重影响了新疆的旅游业的发展，在这些因素的影响下，使得有接待能力的地州市也没有了发挥能力的舞台，因此2006～2009年之间的新疆入境旅游差异缓慢下降，但是幅度不大，从

2006 年的 2.41 将至 2009 年的 2.30。

（2）2009 ~2014 年新疆入境旅游差异迅速下降。2010 年中央新疆工作座谈会召开，全国 19 个省份对口支援新疆，以前欠发达的地州市在兄弟省份的帮助下，当地的旅游经济也得到了大大的发展，同时 2013 年“丝绸之路经济带”建设提出，2014 年第二次中央新疆工作座谈会的召开，这些均为新疆旅游发展提供了历史契机，在这种有利的政策下，使得 2010 年以后的新疆入境旅游差异下降迅速，变异系数从 2009 年的 2.3 下降至 2014 年的 1.82。

3. 地带间及地带内旅游经济收入不平衡度呈波动状态的分析

（1）入境旅游收入北疆区和南疆区的不平衡度高于亚心区城市内部的不平衡度。因为在北疆区内部有入境旅游强市伊犁州，而其他地州市的入境旅游都不是很好；同样在南疆区内部有入境旅游强市喀什市，而其他地州市的入境旅游不是很发达；而在亚心区内部乌鲁木齐市和吐鲁番市的入境旅游相对来说都很强，而唯有昌吉州的一个城市不是太强，加上亚心区仅有三个城市，而北疆区和南疆区内部都有五个旅游城市。这些方面造成了北疆区和南疆区的入境旅游收入的不平衡度高于亚心区城市内部的入境旅游收入不平衡度。

（2）2007 年北疆区和南疆区城市内部的不平衡度达到最低。由于 2007 年阿富汗发生暴乱，由于新疆与阿富汗接壤，影响了入境游客的进入；影响了新疆所有城市的入境旅游收入，而那些有入境旅游优势的城市也没有发挥本有的优势，所以此时间的南疆区和北疆区的城市内部不平衡度达到了低谷。

（3）2009 年亚心旅游区内部的不平衡度突然增长，2010 年的又迅速回落。由于 2009 年新疆发生了“7·5 事件”，使得新疆的整个旅游业受到了严重的影响，入境的客人此时来新疆主要是“会议和商务”“探亲旅游”，而“观光旅游”的入境游客较少，作为首府的乌鲁木齐有独特的优势，而吐鲁番、昌吉州却没有这样的优势，因此 2009 年亚心区内部的入境旅游收入不平衡度突然增长。而 2010 年新疆的旅游业在国家政策的援助下，各地州市的旅游业恢复了以前的观光旅游，而不仅仅是“会议和商务”“探亲旅游”，那么属于亚心旅游区的吐鲁番地区和昌吉州也有了施展的机会，2010 年亚心旅游区内部的不平衡度的又迅速回落。

3.2.4.2 新疆国内旅游市场旅游经济差异分析

1. 政府政策

2000 年中央决定实施西部大开发战略，2010 年 19 个省份对口支援新疆政策，自治区党委、自治区人民政府已决定将旅游业列为全区经济发展具有优势和潜力的产业，以《国务院关于进一步加快旅游业发展的通知》精神为指导，实施以政府为主导、市场需求为导向的大旅游发展战略；自 2000 年起，新疆不断整合旅游资源，提升发展内涵和可持续发展能力。目前，全疆已初步形成以丝绸之路为主线，以“五区三线”为重点的旅游业发展格局。“五区”即以喀纳斯湖为重点的生态旅游区；以天池和博斯腾湖为重点的风景旅游区；以吐鲁番、库车为重点的古文化遗址旅游区；以喀什为重点的民俗风情旅游区；以伊犁为重点的塞外江南旅游区。“三线”即南线、北线和中线。近几年来，处于或邻近于“五区三线”的地州市旅游发展速度较快。

2. 区位和旅游资源禀赋

新疆 15 个地州市 10 年的数据可以得出区位和旅游资源禀赋对当地的旅游发展起到了至关重要的作用。乌鲁木齐、昌吉、阿勒泰、吐鲁番、喀什、伊犁、巴州均处于“五区三线”的五区，同时近几年处于“五区三线”节点的地区旅游经济发展速度也较快。旅游经济发展较好的阿勒泰、吐鲁番、伊犁、喀什同时也是旅游资源丰富、民族风情独特的地方。阿勒泰有出名的景点喀纳斯、喀什有“来到新疆不到喀什，等于没来新疆”的说法、伊犁有“塞外江南”的美誉、吐鲁番更是以自然资源丰富和人文资源独特享誉全国。

3. 旅游接待设施

据《中国统计年鉴》（2006～2015）分析，入境游客按事由分类依次为“观光休闲”“会议和商务”“其他”“服务员工”“探亲访友”五类。其中，因“观光休闲”和“会议和商务”入境的游客占总数的 65% 以上。因此，旅游接待设施是否完善便成为“观光休闲”和“会议和商务”入境游客停留的关键。截至 2012 年，乌鲁木齐有星级宾馆 112 家，其中五星级十家；伊犁哈萨克州有星级宾馆 66 家；喀什有星级宾馆 36 家；吐鲁番有 25 家。尤其是乌鲁木齐的星级宾馆的数量远远超过了其他地州市的。入境旅游接待设施的集聚使得入境旅游市场在乌鲁木齐、伊犁哈萨克自治州、喀什、吐鲁番集聚具备了物质条件。

4. 社会稳定状况

稳定的社会条件是旅游良好发展的必要条件，吸引游客到来的前提。2009 年“7·5 事件”对当地旅游经济的发展有不利影响。取 2005 年和 2014 年两年的截面数据进行比较，处于南疆地区的地州市的旅游经济总体发展速度整体下滑。2005 年，喀什地区和阿克苏地区的旅游经济总体发展水平全疆排名分别为第 2 名和第 8 名，到了 2014 年喀什地区和阿克苏地区的旅游经济总体发展水平分别跌倒了第 4 名和第 10 名。

3.3 新疆各地州旅游发展空间自相关分析

为了进一步探讨新疆各地州旅游经济发展空间分异规律，本节基于空间计量经济学的研究视角，运用全局空间自相关莫兰（Moran's I）指数、空间关联局域指标 LISA 分析，考察新疆 15 个地州市区域旅游产业集聚与旅游经济增长的空间相关，构建旅游产业集聚与区域旅游经济增长的空间计量经济模型，计算了 2005 ~ 2014 年新疆各地州旅游经济综合评价指数，采用探索性空间数据方法（ESDA）对新疆各地州旅游发展水平进行分析，并对新疆旅游产业集聚与旅游经济增长的关系进行理论分析和实证检验，最后提出协调新疆旅游业发展的建议。

3.3.1 研究方法

空间自相关（spatial autocorrelation）是指一些变量在同一个分布区内的观测数据之间潜在的相互依赖性。托普勒（Tobler，1970）曾指出“地理学第一定律：任何东西与别的东西之间都是相关的，但近处的东西比远处的东西相关性更强”。空间自相关统计量是用于度量地理数据（geographic data）的一个基本性质：某位置上的数据与其他位置上的数据间的相互依赖程度。通常把这种依赖叫做空间依赖（spatial dependence）。地理数据由于受空间相互作用和空间扩散的影响，彼此之间可能不再相互独立，而是相关的。例如，视空间上互相分离的许多市场为一个集合，如市场间的距离近到可以进行商品交换与流动，则商品的价格与供应在空间上可能是相关的，而不再相互独立。实际上，市场间距离越近，商品价格就越接近、越相关。在地理统计学科中应用较多，现已有多种指数可以使用，但最主要的有两种指数，即莫兰（Moran）的 I 指数和吉尔里（Geary）的 C 指数。本部分采用 Moran's I 检验作为测度变量间空间相互依赖水平的指标，来探索新疆旅游经济的空间自相关性及其空间分异规律[159]。

3.3.1.1 全局空间自相关测度

空间自相关方法按功能大致分为两类：全局自相关和区域性自相关。全局空间自相关型的功能在于描述某现象的整体分布状况，判断此现象在空间是否有聚集特性存在，但其并不能确切地指出聚集在哪些地区；若将全域性不同空间间隔的空间自相关统计量依序排列，可进一步得到空间自相关系数图，用于分析该现象在空间上是否有阶层性分布。Moran's I 的公式如下[160]：

$$I = \frac{n}{\sum_{i=1}^{n}\sum_{j=1}^{n} w_{ij}} \frac{\sum_{i=1}^{n}\sum_{j=1}^{n} w_{ij}[x_i - \bar{x}][x_j - \bar{x}]}{\sum_{i=1}^{n}[x_i - \bar{x}]^2}, \forall j \neq i \tag{3.4}$$

式（3.4）中，n 表示空间单元数目，x_i 为观测值，$\bar{x}$ 为 x_i 的平均值。W_{ij} 为研究范围内空间单元 i 与空间单元 $j(i, j=1, 2, 3, \cdots, n)$ 的空间连接矩阵。关于空间连接矩阵的构造有很多种方法，原则上根据不同的研究目的选择不同的构造方法。本书所使用的空间连接矩阵为邻接矩阵，即以 1 和 0 表示 i 与 j 的相邻关系，1 表示 i 与 j 相邻，定义 $w_{ij}=1$；0 表示不相邻，定义 $W_{ij}=0$，依此得到一个 N 维的矩阵 $W(nn)$。

Moran's I 需作显著性检验，一般采用 Z 检验。

3.3.1.2　局域空间自相关测度

依据安塞林（Anselin）提出的 LISA（local indicators of spatial association）方法论可知，区域性自相关可推算出聚集地的范围，其主要有两个原因：一是由统计显著性检定的方法，检定聚集空间单元相对整体研究范围而言，其空间自相关是否足够显著，若显著性大，即是该现象空间聚集的地区；二是度量空间单元对整个研究范围空间自相关的影响程度，影响程度大的往往是区域内的“特例”，也就表示这些“特例”点往往是空间现象的聚集点。为了进一步解释新疆旅游经济发展在“邻域空间”的自相关性，采用局域空间关联性指标 Local Moran's I 来度量局域空间自相关性。从本质上讲 Local Moran's I 是将 Moran's I 分解到各个空间单元。Anselin 将其称为 LISA，即空间联系局域指标。对于某一个空间单元 i，其 LISA 的计算公式为[161]：

$$I_i = \frac{x_i - \bar{x}}{\dfrac{\sum_{j=1,j\neq i}^{n} w_{ij}}{n-1} - \bar{x}^2} \sum_{j=1,j\neq i}^{n} w_{ij}[x_i - \bar{x}] \tag{3.5}$$

I_i 的检验方法类似全局指数的检验。

3.3.2　新疆旅游经济全局空间自相关分析

为了得出清晰的新疆各地州市旅游经济发展格局的整体演变趋势，对 2005～2014 年的新疆各地州市旅游经济综合指标做全局 Moran's I 统计检验，结果见表 3－4，对结果分析可得出以下结论。

表 3－4 所示为新疆各地州旅游经济增长综合指数的 Moran's I 取值。其一般在［－1，1］之间，$I>0$ 表示正相关，其值越趋近于 1，表示经济发展水平相同的研究单元空间集聚性越显著；$I<0$ 表示负相关，越趋近于 －1，表示区域与周边区域经济发展水平的趋异性越显著；$I=0$ 表示各区域单元相互独立，空间不相关，呈随机分布。对于全局 Moran's I 指数的显著性检验可以用标准化统计量 $Z(I)$ 来推断，$Z(I)$ 可定义为：

$$Z(I)=\frac{I-(E(I))}{SD(I)} \tag{3.6}$$

式（3.6）中，$E(I)$ 是期望值；$SD(I)$ 是标准差。在显著性水平为5%时，所适用的临界值为 $-1.96<Z(I)<1.96$。新疆旅游经济发展水平空间布局具有显著的全局空间负相关性。2005～2014年，新疆各地州市旅游经济发展水平指标的全局 Moran's I 统计量介于在 0.05 的显著性水平下均通过显著性检验（Z 的临界值为 1.96），表明区域旅游经济增长存在着正相关性，旅游经济增长的强弱会受到相邻地区增长的影响，相邻地区旅游经济增长存在一定的相似性，呈现出集聚分布趋势，具体表现为旅游经济增长水平较高的地区相互邻近、较低旅游经济发展水平的地区相互邻近的空间结构。2003年，Moran's I 为负值且接近于零，直到2012年这十年期间，Moran's I 值呈增长趋势，说明新疆旅游全局发展由个各地州市不相关到显著正相关。

表3－4　新疆2005～2014年各地州市旅游经济综合竞争力的 Global Moran's I 估计值

年份	2005	2006	2007	2008	2009	2010	2011	2012	2013	2014
Moran's I	0.097	－0.005	0.095	0.097	0.088	0.091	0.136	0.156	0.174	0.134
Z 值	－0.030	－0.221	－0.036	－0.030	－0.050	－0.040	0.040	0.077	0.111	0.037

3.3.3　局部空间自相关分析

上述全局 Moran's I 统计量反映了新疆旅游经济空间自相关的整体情况，但却掩盖了内部空间格局的动态特征，也不能反映单个空间单元的情况。因此，有必要采用局部 Moran's I 系数深入研究新疆各地州之间的相关性，本书采用显著性水平 LISA 图来表示。

取2005年和2014年两年的截面数据进行比较。2005年属于高高聚集区域的有乌鲁木齐市，昌吉回族自治州，吐鲁番地区，说明这些区域增长率比周边邻接的地州的旅游发展水平高。乌鲁木齐一直是新疆的政治、经济、文化、交通中心，同时乌鲁木齐市的旅游资源较为丰富，也是新疆最重要游客集散中心，旅游业发展有得天独厚的优势。昌吉回族自治州是与乌鲁木齐位置最近的地州，由于近几年提出乌昌一体化，使得昌吉到乌鲁木齐的交通条件迅速提高，同时昌吉州拥有丰富的旅游资源，如著名的天池、五彩湾风景区、鸣沙山，所以昌吉州近几年旅游发展迅速。吐鲁番地区距离乌鲁木齐较近，同时旅游资源丰富，少数民族风情独特，是新疆老牌旅游目的地。

高低聚集的区域有伊犁直辖市，喀什地区，说明这些区域的旅游经济发展水平高于周围地州市。伊犁州直属县旅游资源丰富，喀什是历史文化名城，民族特色浓厚，享有“不到喀什，就不算到新疆”的美誉。这两个地州市周边地区旅游业发展相对落后，其自身旅游业也较发达，使其成为区域旅游业发展的极化效应区。

其余地州局部 Moran's I 系数则不显著。造成这种分布特征原因在于各个地州市的旅游业发展程度不一致，差异较大。

而到了 2014 年，高高集聚区域发生了变化，吐鲁番地区不再显示为高高聚集，而增加的是近年来旅游发展异军突起的阿勒泰地区。这是因为，近几年吐鲁番地区旅游发展速度逐渐放缓，阿勒泰地区凭借稳定的社会环境、优势的旅游资源和旅游交通便利性的大幅度提高，旅游经济发展水平仅次于首府乌鲁木齐。其他高低聚集区域十年来没有显著变化。

3.4 新疆旅游产业集聚与旅游经济增长关系的空间计量分析

3.4.1 变量选取与数据来源

本小节以新疆 15 个地州市 2014 年横截面数据为样本，以人均旅游收入（*PTR*）表征新疆旅游经济增长能力，作为解释变量；以旅游收入区位商（K_1）、旅游从业人员区位商（K_2）、旅游固定投资区位商（K_3）表征旅游产业集聚程度，作为 3 个解释变量，通过空间计量模型检验旅游产业集聚与区域旅游经济增长的关系。人均旅游收入采用各地州市总人口数和旅游总收入数据加以测算，为消除原始数据的异方差现象，保证原始变量之间的变化态势不变，需对人均旅游收入进行对数变换。旅游产业集聚是指旅游经济活动或产业要素在一定区域或空间单元集中的状态和过程，这里采用旅游收入区位商（K_1）表征旅游产业的规模集聚水平，旅游从业人员区位商（K_2）表征旅游产业劳动力要素的集聚水平，旅游固定投资（K_3）表征旅游投资集聚发展的程度。区位商指标可以确定在国家、区域层面可能存在的旅游产业集群现象，确定旅游产业集聚水平，其大小及变化揭示了区域旅游产业集聚程度与态势，当区位商指数大于1时，表明旅游产业在区域的集聚水平较高，在该区域形成了优势产业；当区位商指数小于1时，表明旅游产业在区域内集聚水平比较低，处于产业竞争中的劣势地位。其中旅游收入区位商[162]：

$$K_1 = (e_i/\sum_1^n e_i)/(E_i/\sum_1^n E_i) \tag{3.7}$$

式（3.7）中，i 表示第 i 个区域；e_i 表征各地区旅游总收入；$\sum e_i$ 表征各地区国民生产总值；E_i 表征全国旅游总收入；$\sum e_i$ 表征全国国民生产总值。

旅游从业人员区位商：

$$K_2 = (e_i/\sum_1^n e_i)/(E_i/\sum_1^n E_i) \tag{3.8}$$

式（3.8）中，i 表示第 i 个区域；e_i表示区域旅游从业人数（星级饭店+旅行社）；$\sum e_i$ 表示区域全社会就业人数；E_i 表示整个国家旅游从业人数；$\sum E_i$ 表示整个国家全社会就业人数。

旅游固定投资区位商：

$$K_3 = (e_i/\sum_1^n e_i)/(E_i/\sum_1^n E_i) \tag{3.9}$$

式（3.9）中，i 表示第 i 个区域；e_i表示区域旅游固定投资（住宿+餐饮）；$\sum e_i$ 表示区域全社会固定投资；E_i 表示整个国家旅游固定投资；$\sum E_i$ 表示整个国家全社会固定投资。

旅游总收入、旅游从业人员数量、旅游固定投资的原始数据来源于《新疆统计年鉴》（2015年）；总人口、国民生产总值以及全社会就业人数的原始数据来源于《中国统计年鉴》(2015 年)。

3.4.2　空间计量模型与估计

构建反映各地区旅游产业集聚发展与旅游经济增长关系经典计量经济学回归模型[163]：

$$\ln PTR = \beta_0 + \beta_1 K_1 + \beta_2 K_2 + \beta_3 K_3 + \varepsilon \tag{3.10}$$

式（3.10）中，PTR 为人均旅游总收入，为被解释变量；K_1、K_2 和 K_3 为旅游收入区位商、旅游从业人员区位商、旅游固定投资区位商，为解释变量。上文研究得到新疆旅游经济增长存在显著的空间自相关性，但实际上，模型（3.10）并未考虑旅游经济活动之间的空间联系和相互作用对旅游经济增长的影响。而当区域经济之间的行为存在着空间联系和交互作用（空间效应），采用 OLS 进行估计时结果是无效的。当把这种空间效应纳入经典计量经济学模型定量估计集聚对旅游经济增长的作用时，旅游经济增长不仅受到本地旅游产业集聚发展的影响，可能还受到邻近地区旅游经济增长的溢出作用。基于此，这里引入空间因素，分别构建区域旅游经济增长的空间滞后模型（SLM）和空间误差模型（SEM），深入分析旅游产业集聚与旅游经济增长之间的关系，前者主要考察变量在各个地区的空间相关性，讨论的是变量在相邻地区是否存在溢出效应，后者重在考察存在于误差扰动项的空间依赖性，讨论的是相邻地区对变量的误差的影响在多大程度上影响了本地的观察值。空间滞后模型（spatial lag model，SLM）反映了本地旅游经济增长不仅是当地旅游产业集聚而且是空间地区旅游经济增长的函数，其表达式为：

$$\ln PTR = \beta_0 + \rho W \ln PTR + \beta_1 K_1 + \beta_2 K_2 + \beta_3 K_3 + \varepsilon \tag{3.11}$$

式（3.11）中，W 是空间权重矩阵，在此用邻接矩阵（conti-guity matrix）；$W\ln PTR$ 是空间滞后变量；ρ 是空间滞后自回归系数，其值反映了样本观测值在空间依赖性上的大小程度，用于测度空间上邻近地区旅游经济增长的外部溢出效应；ε 是误差项；其他变量的含义与式（3.10）中相同。空间误差模型（spatial error model，SEM）充分考虑空间上相关的误差项对旅游经济增长影响而构建的模型，其表达式为：

$$\ln PTR = \beta_0 + \beta_1 K_1 + \beta_2 K_2 + \beta_3 K_3 + \varepsilon, \ \varepsilon = \lambda W\varepsilon + u \qquad (3.12)$$

由于 SLM 只考虑了旅游产业集聚规模、旅游人才以及旅游固定投资三个变量，而事实上由于还有影响旅游经济增长的其他变量未纳入模型，这些变量可能还存在空间相关性，且对旅游经济增长产生一定的作用，SEM 假设这些误差项是空间相关的。式（3.12）中：λ 是空间误差自回归系数，衡量样本观测值 $\ln PTR$ 的空间依赖作用，即相邻省域的观测值 $\ln PTR$ 对中心省域观测值的影响方向和程度，β 反映自变量对因变量的影响，$W\varepsilon$ 是空间滞后误差项。对于空间计量模型的选择，则要考虑如果在空间依赖性的检验中发现，LM（Lag）较 LM（error）在统计上更加显著，且 Robust LM（lag）显著 Robust LM（error）不显著，那么选择 SLM；相反，如果 LM（error）比 LM（Lag）在统计上更加显著，且 Robust LM（error）显著而 Robust LM（Lag）不显著，那么选择 SEM。对于空间滞后模型（SLM）和空间误差模型（SEM）两类模型，由于空间效应的存在，使得空间滞后变量及忽略的空间相关误差项作为模型的解释变量，普通最小二乘（OLS）估计 SLM 有偏且非一致，估计 SEM 无偏而非有效，故采用极大似然估计（ML）方法，根据极大似然估计的假设检验方法主要有自然对数似然函数值（log likehood，LogL），赤池信息准则（akaike information criterion，AIC）值、施瓦茨准则（schwartz criterion，SC）、拟合优度 R^2 检验等方法，其中自然对数似然函数值（LogL）、拟合优度 R^2 越大，赤池信息准则（AIC）值、施瓦茨准则（SC）值越小，模型拟合效果越好。

3.4.3 空间计量结果及分析

首先，根据经典回归模型（3.10）和相关指标数据，进行普通最小二乘方法（OLS）估计，结果见表 3-5，旅游产业集聚与旅游经济增长 OLS 估计模型的 F 统计量为 12.2082，整体上通过了 1% 水平的显著性 F 检验，K_1、K_2 和 K_3 三个旅游产业集聚指标通过了 1% 水平的变量显著性检验（t 值）；估计系数均为正，表明旅游产业集聚对区域旅游经济增长具有显著的正效应。在不考虑其他因素的情况下，旅游收入区位商、旅游从业人员区位商和旅游固定投资区位商每增长1%，区域旅游经济增长水平分别增长0.16%、0.36%和0.17%。回归模型拟合优度R^2值为0.785522，拟合效果一般，那么，由于未考虑各省域变量的空间依赖性，仅采用最小二乘方法估计很可能使结果产生一定的偏差。全局Moran's I指数和LISA检验结果表明，新疆各地州市旅游经济增长存在明显的空间自相关性，在此基础上，将空间因素引入回归模型，对最小二乘（OLS）估计的残差进行空间依赖性检验，空间权重矩阵采用的是一阶Rook邻接矩阵。结果如表3-6所示，经典回归误差的空间依赖性（相关性）明显（显著性水平为1.03312%），同时，LM（lag）通过了1%水平的显著性检验，而LM（error）未通过10%水平的显著性检验；R-LM（lag）通过了5%水平的显著性检验，而R-LM（error）也未通过10%水平的显著性检验，根据R-LM（lag）显著而R-LM（error）不显著的判别标准可知，选择空间滞后模型（3.11）更为合适。

表3-5　　旅游产业集聚与旅游经济增长的OLS估计

SUMMARY OF OUTPUT：ORDINARY LEAST SQUARES ESTIMATION			
R-squared	0.785522	F-statistic	12.2082
Adjusted R-squared	0.721178	Prob（F-statistic）	0.00111322
Sum squared residual	0.243332	Log likelihood	8.50156
Sigma-square	0.0243332	Akaike info criterion	-9.00312
S. E. of regression	0.155991	Schwarz criterion	-6.44689
Sigma-square ML	0.0173809		
S. E of regression ML	0.131837		

Variable	Coefficient	Std. Error	t-Statistic	Probability
CONSTANT	0.0416239	0.1087681	0.3826847	0.07099617
K_1	0.1604721	0.2962638	5.416528	0.0002944
K_2	0.3637383	0.1257066	2.89355	0.0160095
K_3	0.1686905	0.1380123	-1.222286	0.01496269

表 3-6　　　　OLS 残差的空间依赖性检验结果

TEST	MI/DF	VALUE	PROB
Moran's I (error)	0.270122	1.9571369	0.0103312
Lagrange Multiplier (lag)	1	5.4585053	0.0194733
Robust LM (lag)	1	5.1045409	0.0238633
Lagrange Multiplier (error)	1	1.1403061	0.2855877
Robust LM (error)	1	0.7863417	0.3752086
Lagrange Multiplier (SARMA)	2	6.2448470	0.0440503

接下来，采用极大似然法（ML）对空间滞后模型 SLM 模型进行估计，结果见表 3-6，模型拟合优度 R^2 为 0.882826，LogL 值为 12.0559，大于最小二乘（OLS）方法估计的 LogL 值 8.50156，并且 SLM 模型的 Akaike 值和 Schwarz 值都小于最小二乘（OLS）方法的估计值，由此可知，空间滞后模型 SLM 模型拟合程度优于经典回归模型，引入空间效应后模型解释能力显著增强。

进一步对空间滞后模型 SLM 模型估计的系数进行分析。空间滞后变量 WPTR 的空间自回归系数在 1% 的水平上显著，表明区域旅游经济增长在地理空间的邻接上表现出了较强的溢出效应，旅游经济增长集聚的空间相互作用或影响可以通过邻接地区相互传递。3 个解释变量 K_1、K_2 和 K_3 的回归系数均为正，通过显著性水平 1% 的检验，同经典回归模型最小二乘（OLS）估计相比，显著性水平均有明显提高，表明旅游产业集聚对旅游经济增长有显著的正向影响。根据解释变量的回归系数估计可知，在保持其他条件不变的情况下，K_1、K_2 和 K_3 每增长 1%，区域旅游经济增长水平分别提高 0.17447%、0.41961% 和 0.22924%，其中，旅游从业人员 K_2 对于区域旅游经济增长的影响最为明显（见表 3-7）。

表 3-7　　　　新疆旅游产业集聚与旅游经济增长的 SLM 估计

SUMMARY OF OUTPUT: SPATIAL LAG MODEL - MAXIMUM LIKELIHOOD ESTIMATION			
R-squared	0.882826	Log likelihood	12.0559
Sq. Correlation	0.873563	Akaike info criterion	-14.1119

续表

SUMMARY OF OUTPUT: SPATIAL LAG MODEL – MAXIMUM LIKELIHOOD ESTIMATION			
Sigma-square	0.00949549	Schwarz criterion	–10.9166
S. E of regression	0.0974448		

Variable	Coefficient	Std. Error	z-value	Probability
W_LNPRT2	0.4796907	0.1480739	3.239535	0.0011974
CONSTANT	0.2279738	0.1080707	2.109488	0.0349023
K_1	0.1744734	0.01857301	8.855506	0.0000000
K_2	0.4196121	0.07961428	5.270563	0.0000001
K_3	0.2292432	0.1009323	–0.000301	0.0000002

3.4.4 建议与措施

如何对待疆内各项旅游经济差异是首要问题，过分的追求区域之间的平衡，只会导致全疆的共同落后。适度的非均衡发展，以发达地区带动落后地区，落后地区尽快融入大的发达区，这样才有助于旅游经济的整体提升。

①所有的地州市都应做好稳定工作，因为没有稳定就没有旅游的发展（如2009年的“7·5事件”导致新疆整体旅游业的下降）。

②对于旅游基础设施较差的地州市，政府应给予资金补贴，已达到完善基础设施的目的，从而促进旅游业的发展。

③在拥有旅游资源（如博州的赛里木湖）的前提下，政府应出资加强知名度的宣传。

④像喀什、伊犁州那样借用边境、口岸优势来发展入境旅游一样，阿克苏、博州、塔城、阿勒泰等地州市也应利用边境、口岸优势。

3.5 本章小结

本章系统分析了近20年来新疆旅游经济发展趋势，并结合新疆发生的重大事件分析旅游经济发展趋势产生原因；运用变异系数和泰尔指数研究了新疆15个地州旅游经济发展的时空演变规律；基于旅游产业集聚空间效应视角运用空间自相关理论与空间计量模型考察了新疆15个地州市的旅游产业集聚特征及与区域旅游经济增长之间的相互关系和作用机制。研究表明：

①新疆入境旅游差异在时间序列上呈较强波动变化，国内旅游差异在时间序列上波动不明显。

②新疆地带间及地带内旅游经济收入不平衡度呈波动状态。

③新疆入境旅游收入和国内旅游收入空间集聚度较高，梯度明显。

④新疆旅游产业发展一直伴随空间集聚的过程，表现为较高的空间集聚分布特征。这种集聚在新疆旅游经济空间结构的形成中起着主导作用，并引起旅游经济发展的空间不均衡，由此形成北疆部分地区的高高聚集格局。

⑤新疆旅游经济增长存在显著的空间自相关性，即邻近地州市的旅游经济发展水平具有显著的相似性。

⑥新疆旅游产业集聚的空间溢出表现为显著的局部性特征，其影响随着空间距离的增加而衰减。北疆部分地区旅游产业集聚水平较高，但由于空间距离的作用，北疆集聚效应对南疆，东疆等旅游经济增长的作用较弱，其集聚效应远大于其扩散效应，并由此引起新疆旅游经济增长的空间不均衡。

第四章

新疆旅游经济效率的时空演变分析

自20世纪90年代，自治区政府对旅游业高度重视，新疆旅游业开始发展迅速。就全疆范围而言，20年间新疆旅游接待人数和旅游总收入发展高低起伏、总体上是呈上升的趋势。2014年新疆旅游接待人数为49531690人，是1995年新疆旅游接待人数的9.27倍，年均增长率为12.6%；2014年旅游总收入为650.32亿元，是1995年新疆旅游总收入的59.12倍，年均增长率为22.6%（旅游总收入为当年国内旅游收入与按当年汇率提算后国际旅游收入的总和）。

纵向比较新疆旅游业确实是有了很大的发展，然而，在与东部沿海北上广等旅游强省的横向对比中，新疆旅游业在总收入、创汇、接待入境旅游人数等主要方面，仍存在较大的差距。新疆国际旅游收入从1998～2014年间在全国排名仅为第23名，并徘徊不前。

笔者进一步根据统计数据计算出2005～2014年新疆旅游企业的固定资产投资年均增长率为18.35%，而2005～2014年间旅游人次与旅游收入的年均增长率分别为12.91%、17.07%，均低于固定资产投资的增长率。可见投资对于旅游产业的增长具有拉动的作用，但投资的增长率高于由于投资而获得的收益，即新疆旅游产业的经济效率不高，仍处于粗放型的发展阶段。作为新疆重点培育的后续战略支柱产业，新疆旅游业应为新疆经济与社会发展进步做出更大的贡献，在促进新疆社会现代化建设与提高人民的生活水平等方面发挥更加积极的作用。

那么新疆各地州旅游经济效率发展水平究竟怎样？2005～2014年十年间新疆各地州的旅游经济效率是否有提高？新疆各地州旅游经济效率是

否存在着差异性呢？本章基于效率相关理论，运用超效率 DEA 模型测评 2005～2014 年全疆各地州旅游经济效率，以期分析出十年间全疆各地州旅游经济效率的发展水平及差异水平。

4.1 超效率 DEA 模型

数据包络分析方法（data envelopment analysis，DEA）是运筹学、管理科学与数理经济学交叉研究的一个新领域。它是根据多项投入指标和多项产出指标，利用线性规划的方法，对具有可比性的同类型单位进行相对有效性评价的一种数量分析方法。DEA 方法及其模型自 1978 年由美国著名运筹学家查恩斯（A. Charnes）和库珀（W. W. Cooper）提出以来，已广泛应用于不同行业及部门，并且在处理多指标投入和多指标产出方面，体现了其得天独厚的优势。DEA 是一个线形规划模型，表示为产出对投入的比率。通过对一个特定单位的效率和一组提供相同服务的类似单位的绩效的比较，它试图使服务单位的效率最大化。在这个过程中，获得 100% 效率的一些单位被称为相对有效率单位，而另外的效率评分低于 100% 的单位本称为无效率单位。

选取以规模收益不变的 C^2R 模型作为分析模型，以年份作为决策单元 $DMU_j(j=1,2,\cdots,12)$，公式如下：

$$\begin{cases} \min\theta \\ \text{s. t} \sum_{j=1}^{n} \lambda x_{ij} + S_i^- = \theta x_{io} \\ \sum_{j=1}^{n} \lambda_j y_{rj} - S_r^+ = y_{ro} \\ \lambda_j \geqslant 0,\ j = 1,2,\cdots,n \\ S_i^- \geqslant 0,\ S_y^+ \geqslant 0 \\ \theta \text{ 无约束} \end{cases} \tag{4.1}$$

公式（4.1）中第 j 个决策单元 DMU_j 的第 i 类输入为 x_{ij}，第 r 类输出为 y_{rj}；x_{io}、y_{ro} 是 DMU_{jo} 对应的输入值和输出值；θ 为目标值，λ_i 是决策变

量，S_i^- 和 S_i^+ 分别是输入和输出的松弛变量。

当最优值 $\theta^* = 1$ 时，且 S_i^-、S_i^+ 同时都等于0时，表示 DMU_j 此时DEA有效，说明相对于其他被评价单元，该决策单元既没有因投入多余而造成资源使用上的浪费，也没有因产出不足而产生资源分配上的效率损失，也表明该决策单元指标状态相对最合理，配置效率相对最优，决策单元的经济行为同时为技术有效和规模有效。

仅仅最优值 $\theta^* = 1$，表示 DMU_j 只是DEA弱有效，说明该决策单元处于相对最优状态，但还有改进的余地。

当 $\theta^* < 1$，表示决策单元 DMU_j 是非DEA有效，说明与其他评价决策单元相比，该决策单元没有达到资源最优配置状态，经济活动既不是技术效率最佳，也不是规模最佳。

对于非DEA有效的 DMU_j，可将其投影到DEA有效面，即把非DEA有效的 DMU_j 变成有效的 DMU_j。投影有效面对应的投影为（x_i'，y_i'），且 $x_i' = \theta^* x_{io} - S_i^-$，$y_i' = y_{io} + S_i^+$，$\Delta x_{io} = x_{io} - x_i' = (1 - \theta^*) x_{io} + S_i^- \geqslant 0$，$\Delta y_{io} = y_i' - y_{io} = S_i^+ \geqslant 0$ 分别称为输入冗余和输出亏空。Δx_{io} 和 Δy_{io} 是调整指标DEA有效性，设立目标决策的重要参考依据。

传统DEA模型测度的效率评价单元，其结果可能出现在生产前沿的情况，同时多个评价单元相对有效，从而使对这些相对都有效的评价单元无法区别其效率值的高低差异，影响了对评价单元之间的差异比较[164]。为了使这一问题得到解决，安德森和彼得森建立了基于传统DEA模型的超效率DEA模型，从而让效率值的高低差异能通过对比分析相对有效单元得到。例如，可以参看图4－1和图4－2所示的值，评价单元的效率被排除在评价单元参与集之外，它的有效前沿面从原本的SABS′，变为SCBS′，A 的效率值变为 OA'/OA[165]，没有效率的评价单元 C，其生产边界依然是SABS，效率值不变，从而有效地识别效率值为1个评价单元之间的差异[166]。因此，本书选择了基于超效率DEA模型来测评新疆15个地州的旅游经济效率发展水平。

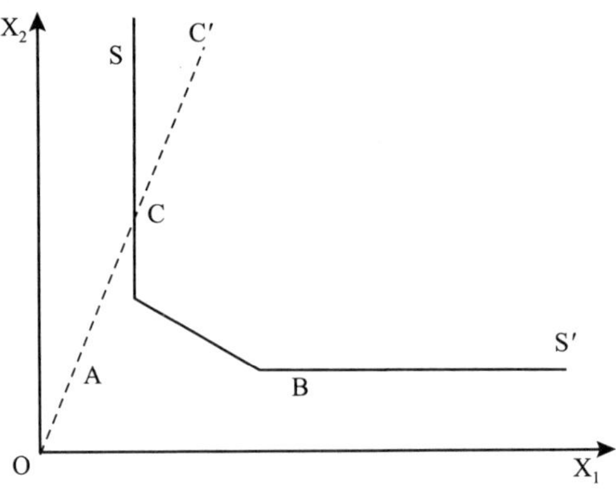

图 4-1　传统的 DEA 模型

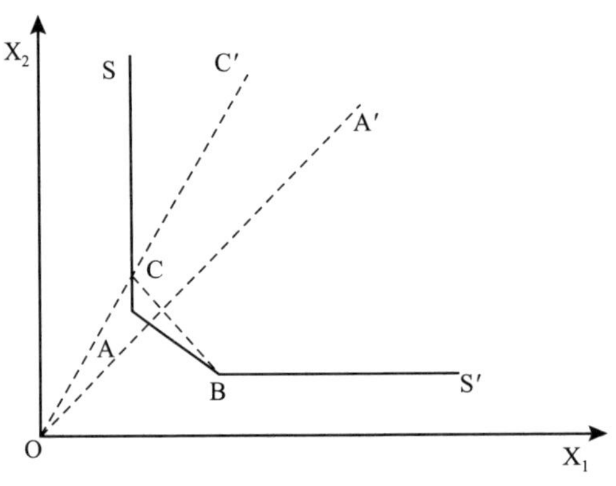

图 4-2　超效率 DEA 模型

假定有 K 个评价地区，每个评价地区有 N 种旅游产业投入要素，有 M 种由于旅游产业投入而产生的产出，任意一个评价地区的投入集、产出集分别表示为：$x_k=(x_{1k}, x_{2k}, \cdots, x_{Nk})$、$y_k=(y_{1k}, y_{2k}, \cdots, y_{Nk})$，则以投入导向为基础的规模报酬可变的超效率 *DEA* 模型表示为[167]：

$$\theta^* = \min\theta$$

$$\text{s.t.}\ \sum_{k=1}^{k}\lambda_k x_{nk} \leqslant \theta x_n;\ \sum_{k=1}^{k}\lambda_k y_{mk} \leqslant \theta y_m;\ \lambda \geqslant 0$$

$$n=1, 2, \cdots, N;\ m=1, 2, \cdots, M;\ k=1, 2, \cdots, K \qquad (4.2)$$

4.2 新疆及各旅游区旅游经济效率分析

4.2.1 变量选取与数据来源

4.2.1.1 变量选取

本书的研究对象是新疆15个地州，选取了2005～2014年十年的面板数据，所选择的投入产出指标的特点与性质是基于国内外旅游经济效率的相关研究，结合新疆旅游业发展的特点（见表4－1）。本书选择旅游资源禀赋、旅行社数量、客房数、旅游固定资产投资4个变量作为旅游产业的投入变量，其中旅游资源禀赋表示旅游产业资源吸引力；旅行社数量表示旅游产业服务能力；客房数表示旅游产业接待能力；旅游固定资产投资表示旅游产业投资规模。选择入境旅游接待总人次、旅游总收入作为旅游产业的产出变量。其中旅游接待总人数表示旅游产业规模产出；旅游总收入表示旅游经济产出。从而构建了研究旅游经济效率的概念框架。

表4－1　旅游经济效率投入产出指标设置及说明

类别	指标名称	单位	指标说明
投入指标	旅游资源禀赋		旅游产业资源吸引力
	旅行社数量	个	旅游产业服务能力
	客房数	间	旅游产业接待能力
	旅游固定资产投入	万元	旅游产业投资规模
产出指标	入境旅游总人次	人	旅游产业规模产出
	旅游总收入	万元	旅游经济产出

4.2.1.2 数据来源

本书所有指标的数据均来源于政府统计部门公开发布的权威统计数据，来源于新疆统计年鉴2006～2015年，中国旅游统计年鉴2006～2015

年，中国旅游统计年鉴副本 2006～2015 年及各地州的统计年鉴，这保证了本书数据的可靠性与权威性（见表 4－2）。

表 4－2　　新疆旅游产业投入与产出变量的数据特征描述

指标	投入指标				产出指标	
	旅游资源禀赋（X_1）	旅行社数量 X_2（个）	客房数 X_3（间）	旅游固定资产投入 X_4（万元）	入境旅游总人次 Y_1（人）	旅游总收入 Y_2（万元）
最大	159	45	17288	566926	950355	2928769
最小	13	0	96	170	53	8673.9
均值	70	4	2899	30125	55243	232068
标准差	39.9	8	3128	73428	125627	365217
观测样本	150	150	150	150	150	150

4.2.2　新疆旅游经济效率的变化分析

利用基于投入导向的规模报酬可变超效率 DEA 模型，投入变量设为各地州的旅行社的数量、客房数、旅游固定资产投入、旅游旅游资源禀赋；入境旅游总人数、旅游总收入为产出变量，采用 EMS 软件计算出新疆 2005～2014 年各地州的旅游经济效率，结果如表 4－3 与图 4－3 所示。

表 4－3　　2005～2014 年新疆各地区旅游经济效率变化情况

地区＼年份	2005	2006	2007	2008	2009	2010	2011	2012	2013	2014	均值
乌鲁木齐	3.0003	3.5944	2.6764	3.2108	2.3162	3.4041	3.8954	2.3142	2.0182	2.9021	2.9564
吐鲁番	2.0751	2.8987	1.6787	1.0673	1.8555	2.7972	1.7993	1.3781	1.2106	1.7231	1.9014
昌吉	0.4729	0.3282	0.2283	0.2212	0.1888	0.3323	0.4191	0.7728	0.7980	0.6821	0.4847
石河子	3.0221	2.6261	2.2096	2.5686	1.3307	1.6577	1.7284	1.6722	1.5666	2.0211	1.9804
首府圈	2.1426	2.3618	1.6982	1.7669	1.4228	2.0478	1.9605	1.5341	1.3983	1.8713	1.8187
克拉玛依	0.4304	0.3452	0.3647	0.3196	0.3735	0.5671	0.6782	0.5992	0.7264	0.7556	0.5651
伊犁市	0.8281	0.9243	0.8287	1.0495	0.8651	0.9450	1.0240	1.0320	1.0517	1.0672	1.0025
塔城	0.5773	0.4637	0.4364	0.4112	0.5264	0.4742	0.7024	0.7648	0.6987	0.8672	0.6257
阿勒泰	0.9362	0.6218	0.6293	0.6163	0.5094	0.5272	1.1235	1.2151	1.1625	1.2576	0.9066

续表

地区＼年份	2005	2006	2007	2008	2009	2010	2011	2012	2013	2014	均值
博州	0.3462	0.3542	0.3394	0.3156	0.3575	0.7115	0.5568	0.9062	0.5686	0.5623	0.5330
北疆区	0.6790	0.5418	0.5583	0.5413	0.5646	0.6450	0.8516	0.9034	0.8703	0.8821	0.7226
巴州	0.3801	0.4121	0.3812	0.2979	0.3355	0.4863	0.4282	0.5938	0.7641	0.6565	0.5058
阿克苏	0.3839	0.2894	0.3097	0.2394	0.3026	0.2986	0.3762	0.2831	0.3327	0.4369	0.3337
克州	0.9876	1.0232	1.1231	1.0342	0.8321	0.8431	0.8764	0.7353	0.5291	0.8256	0.8699
喀什	0.7607	0.5716	0.4748	0.4013	0.5095	0.3384	0.5118	0.6021	0.2936	0.3214	0.4592
和田	0.8740	0.5725	0.3704	0.3651	0.3075	0.3592	0.3649	0.4435	0.1658	0.2112	0.3626
南疆区	0.6773	0.5737	0.5318	0.4676	0.4574	0.4651	0.5115	0.5315	0.4172	0.5026	0.5084
哈密	0.8232	0.7652	0.6241	0.5543	0.5192	0.8761	0.7891	0.8722	0.9122	0.8956	0.7835
东疆区	0.8232	0.7652	0.6241	0.5543	0.5192	0.8761	0.7891	0.8722	0.9122	0.8956	0.7835
均值	1.0599	1.0527	0.8450	0.8444	0.742	0.9745	1.0182	0.9454	0.8532	1.0177	0.9506

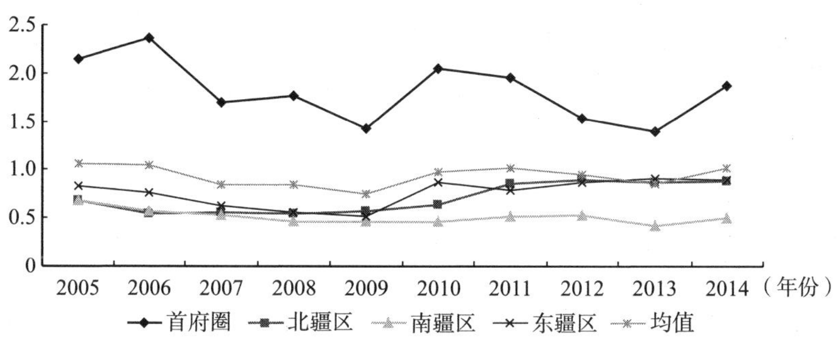

图4－3　新疆各地区旅游经济效率变化情况

从表4－3和图4－3可以看出，就全疆范围而言，十年间新疆旅游经济效率高低起伏、总体上是有所上升的趋势。从2005年的1.0599变化为2014年的1.0177，十年间效率均值为0.9506，说明近些年来新疆旅游经济效率有所下降，但效率值变化高低差别不大。2009年新疆旅游经济效率是最低的一年，为0.7420。十年间，新疆旅游经济效率尽管有所下降，不过期间也有所波动，呈现出一种“降升降升”的变化趋势，2006～2009年下降阶段，从1.0527下降至0.7420，2011～2013年下降阶段，从2011年的1.0182下降到2013年的0.8532，新疆旅游经济效率这种趋势形成的主要原因在于新疆旅游产业快速发展中存在一些粗放型的发展模式，以及其他重大事件对旅游经济效率产生的影响，其中每一个重要的旅游经济效率变化时间节点都发生了一些关键的事件，从而使新疆旅游经济效率处于阶段的较低水平。由于2008年积压了一定的来疆游客，2009年6月新疆旅游业就呈现出良好发展势头，预定的旅游团队超过以往任何一年，但“7·5事件”的发生使得新疆旅游业遭受了前所未有的重创。自“7·5事件”后，新疆暴恐事件又时有发生，导致2011~2013年新疆旅游经济效率并没有较好地回升，2014年后，新疆暴恐事件发生频率和规模明显减少和降低，同时新疆当地政府举全区力量维护社会稳定，塑造新疆旅游安全形象，为新疆旅游业发展提供良好的社会大环境。综上所述，外界环境因素对旅游经济效率变化的影响较大。下面根据新疆旅游产业在发展过程中遇到的外界因素变化而引起的经济效率变化进行一个系统的分析，从而来寻找新疆旅游经济效率变化的原因。

2003年初爆发的“SARS”危机是一场全局性的严重自然灾害事件，它严重影响了全国和新疆旅游经济正常发展，但这次危机事件周期较短，2004年新疆旅游业迅速回复正常，因为2003年“SARS”没有来的游客也在2004年爆发，所以2004年的新疆旅游业呈现井喷式发展，新疆旅游收入和旅游接待量创历史新高。2005年和2006年新疆社会稳定，且没有发生自然灾害，这两年是新疆旅游业发展的一个“黄金时期”，2006年胡锦涛总书记视察新疆，提出转变新疆经济发展方式，提高经济发展中的科技含量，全疆各行业积极响应，2006年新疆旅游经济效率达到最高，为1.0527。2008年的南方地区发生特大雨雪冰冻天气使许多地区重度受灾、汶川大地震、美国次贷危机引起的金融危机、北京奥运会的“奥运安保”等事件均对新疆旅游业的发展起到抑制作用，所以2008年的新疆旅游经济效率降到0.8444。2009年发生在新疆乌鲁木齐的“7·5事件”是新疆历史上性质最恶劣，伤亡人数最多，影响最坏的一起暴恐事件，这次使新疆的旅游业受到了很大的冲击，故2009年新疆旅游经济效率达到十年最低，仅为0.7420。从2010年开始自治区政府努力修复由于“7·5事件”破坏的新疆旅游形象，对国内外游客宣传新疆社会稳定的状态。但自2009年“7·5事件”后，新疆暴恐事件没有彻底平复，时有发生，这严重抑制了新疆旅游业的正常发展。2010～2013 年新疆旅游经济效率一直较低，徘徊不前，由 2010 年的 0.9745 到 2013 年的 0.8532，并没有恢复到 2005～2006 年的状态。2014 年，新疆政府举全区力量维护社会稳定，塑造新疆旅游安全形象，新疆暴恐事件发生频率和规模明显减少和降低，这为新疆旅游业发展提供良好的社会大环境。

4.2.3　各旅游区的旅游经济效率变化分析

为了对新疆各地州的旅游经济效率做出更全面的分析，考虑到新疆各地州的地理位置、经济发展条件、民族构成、旅游交通等条件的不同，运用聚类分析法，依旧将全疆分为了首府圈旅游区（乌鲁木齐市、吐鲁番地区、昌吉州、石河子市）；北疆旅游区（克拉玛依市、伊犁州直属县市、塔城地区、阿勒泰地区、博尔塔拉蒙古自治州）；南疆旅游区（巴音郭楞蒙古自治州、阿克苏地区、克孜勒苏柯尔克孜自治州、喀什地区、和田地区）；东疆旅游区（哈密地区）四个旅游区。

4.2.3.1　首府圈旅游区

首府圈旅游区的特点是经济发展水平较高，交通条件优越，旅游资源丰富，民族主要由汉族、回族和维吾尔族构成。该旅游区由于交通便利且旅游资源丰富，旅游业发展较早，全疆九个 5A 级景区该区就有三个，分别为天山天池风景名胜区、吐鲁番市葡萄沟风景区、乌鲁木齐市南山天山大峡谷。十年间首府圈旅游区旅游经济效率均值为 1.8187，远高于全疆均值，位居全疆第一位。但十年间首府圈旅游区旅游经济效率总体是高低起伏、徘徊不前。2006 年首府圈旅游区整体的旅游经济效率为 2.3618，2009 年的旅游经济效率最低，仅为 1.4228，2014 年首府圈旅游区整体的旅游经济效率为 1.8713。从图 4－4 可知首府圈旅游区的旅游经济效率高于全疆均值，主要是由于乌鲁木齐市和吐鲁番地区旅游经济效率的贡献。

乌鲁木齐作为新疆的首府、是新疆政治、经济、文化中心，同时也是全疆游客集散中心，交通便利、旅游资源丰富，有一个天山大峡谷五 A 级景区和国际大巴扎、红山公园等多个四 A 级景区。2005～2014 年十年间旅游经济效率均值为2.9564，远远高于全疆平均水平，但从图4.4可以看出十年中2006～2013年乌鲁木齐旅游经济效率呈现下降趋势，主要原因：一是新疆旅游大环境的影响，尤其是2009年“7·5事件”对乌鲁木齐市旅游业产生了不可估量的负面影响；二是近几年新疆其他地州旅游业兴起，尤其是北疆阿勒泰和伊犁旅游业发展迅速，很多五A级景区建立了机场，乌鲁木齐出现一定的“通道”效应。2014年，乌鲁木齐旅游经济效率，为2.0182。这是因为2014年新疆暴恐事件发生频率和规模明显减少和降低，为新疆旅游业发展提供良好的社会大环境，全疆其他地州的旅游经济效率也均有所提升。

吐鲁番地区辖吐鲁番市、鄯善县和托克逊县，该地区距离乌鲁木齐市约200公里、交通条件优越，同时该地区旅游资源丰富、历史古迹众多，截至2015年吐鲁番地区有葡萄沟、坎儿井、高昌古城、交河故城、苏公塔、伯孜克里克千佛洞、库姆塔格沙漠等著名景区，每年8月20日开始的“吐鲁番葡萄节”也是享誉国内外，以上优越的条件使得吐鲁番地区成为新疆较早出名的旅游目的地。2005～2014年十年间吐鲁番地区旅游经济效率的均值也是远高于全疆平均水平，为1.9014。但从图4－4可知，十年间吐鲁番地区旅游经济效率波动幅度大且呈下降趋势，2006年达到十年间的最高值2.8987，但2008年仅为1.067，2010年有所好转达到2.7972，但2011～2013年间旅游经济效率值呈现明显下降趋势，形成上述趋势的主要原因也是由于近些年新疆旅游业受到暴恐事件大环境的影响，其次是因为周围旅游接待地的崛起（比如阿勒泰、伊犁）和吐鲁番旅游业处于生命周期中的衰退期。由1.7993降至1.2106。

昌吉回族自治州下辖昌吉市、阜康市、玛纳斯县、呼图壁县、吉木萨尔县、奇台县、木垒哈萨克自治县。昌吉州交通便利，是距离乌鲁木齐最近的一个州。同时昌吉州的旅游资源相对丰富，有一个5A级景区天山天池，有奇台的江布拉克、木垒鸣沙山、北庭故居、康家石门子岩画等出名景点。十年间昌吉州的旅游经济效率均值仅为0.4847，远低于首府圈旅游区的平均水平，甚至远低于全疆的平均水平。从图4－4可以看出，2012年以前昌吉州的旅游经济效率较低，仅在0.3左右徘徊，究其原因应该是昌吉州所辖的范围只有阜康市的天池风景区发展较好，其他县市旅游发展状况还是比较落后；且昌吉州距离乌鲁木齐较近，很多游客为一日游，在给昌吉州的住宿、餐饮的拉动效应起到的作用较小。值得欣喜的是自2012年后，昌吉州政府大力发展乡村旅游、开发农家乐旅游产品，打造成乌鲁木齐及周边城市的近郊旅游目的地，旅游经济效率得到快速提升，从2011年的0.4191迅速增长到2014年的0.6821，表现出了良好的发展潜力。

石河子市隶属于新疆生产建设兵团，被誉为“戈壁明珠”。石河子市距离乌鲁木齐约为160公里，交通便利。出名的景区有周恩来总理纪念馆、兵团军垦博物馆等。从图4－4可以看到石河子的旅游经济效率一直较高，十年间其旅游经济效率的均值为1.9804，仅次于乌鲁木齐，这主要是因为石河子距离乌鲁木齐、昌吉较近，地理位置较好、交通条件比较优越，尽管其旅游总体收入和接待人数在全疆排名不是很前列，其旅游经济效率却很高。我们从图4－4中也可以看出十年间石河子市的旅游经济效率变化波动较大，虽然石河子没有发生过暴恐事件，但受新疆旅游业大环境的影响，2009年下降幅度较大，2009年其旅游经济效率值从2008年的2.5686降为1.3307，且2010～2013年间没有再提高，基本上在1.6左右波动。2006～2013年这八年间石河子市的旅游经济效率总体是呈现下降趋势。从2004年的2.7164下降至2013年的1.5666。2014年由于新疆旅游大环境较好，其旅游经济效率有较大回升，2014年达到了2.0211。

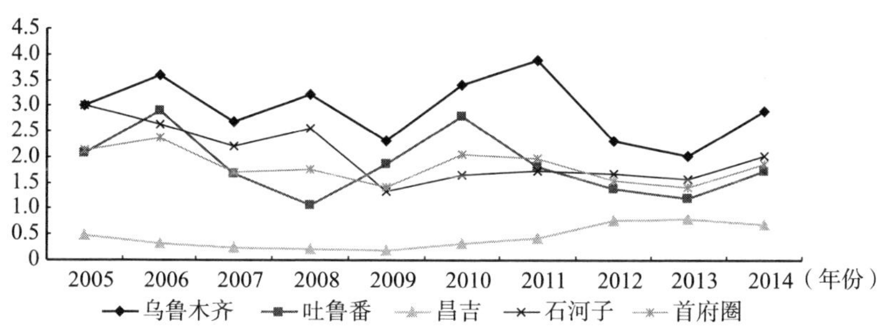

图4－4　新疆首府圈旅游区旅游经济效率变化情况

4.2.3.2　北疆旅游区

北疆旅游区的特点是旅游资源丰富、具有欧洲风光的特点，经济发展水平一般、主要由汉族、哈萨克族和蒙古族组成。值得一提的是北疆旅游区近十年没有发生过暴恐事件，社会环境相对稳定。该区十年间的旅游经济效率均值为0.7226，低于全疆均值，居全疆第三位。从图4－5可以看出十年间北疆旅游区旅游经济效率总体变化相对平缓，总体稍有提高。2006～2010年间北疆旅游区的旅游经济效率在0.6左右浮动，2011～2014年间北疆旅游区整体的旅游经济效率发展较好，其值在0.9左右浮动，增长迅速，造成这一发展趋势的可能原因是：2009年“7·5事件”发生以后，许多来新疆的境内外游客多是选择北疆旅游区为旅游目的地，新疆旅游经济重心向北偏移。

克拉玛依市拥有众多旅游景点，世界魔鬼城曾被评选为“中国最瑰丽的雅丹”和“中国最值得外国人去的50个地方之一”。2014年克拉玛依市人均生产总值（GDP）达到223341.42元人民币，折合36358.24美元，成为中国大陆人均生产总值最高的地级市。十年间的旅游经济效率均值为0.5651，远低于新疆平均水平。作为我国重要的石油石化基地，克拉玛依市同时也是新疆重点建设的新型现代化工业城市。2013年三大产业的结构比例为：0.59∶86.64∶12.77。近几年克拉玛依市政府逐渐重视对旅游业的发展，2013年，全市旅游业总收入为23.4亿元，增长25.1%。入境旅游人数4452人次。其中，外国人4240人次，香港、澳门和台湾同胞212人次，旅游创汇151.8万美元。从图4－5可以看出十年的旅游经济效率是稳步上升，从2006年的0.3452增长到2015年的0.7556。

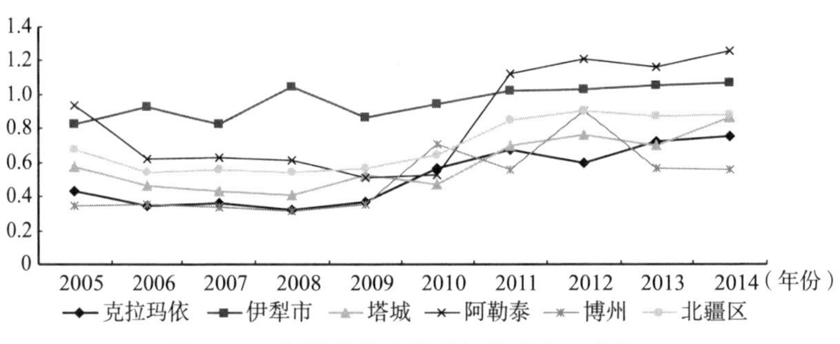

图4－5　新疆北疆区旅游经济效率变化情况

伊犁直属县市分别是伊宁市、伊宁县、察布查尔锡伯自治县、霍城县、巩留县、新源县、昭苏县、特克斯县、尼勒克县。历史上伊犁就是扼守古丝绸之路北道的要冲，今天则是中国向西开放的重要门户，该地区有丰富的自然景观和人文景观，素有“塞外江南”“瓜果之乡”的美称。伊犁风景名胜有巩乃斯草原、唐布拉草原、那拉提草原、昭苏草原；青铜时代的乌孙土墩墓葬群、西辽西域名城阿拉力马力遗址，唐代弓月城遗址，有乾隆皇帝御书的格登山记功碑和伊犁将军府、惠远钟鼓楼、林则徐纪念馆等众多的景观。伊犁直属县距离乌鲁木齐700公里左右，近些年伊犁直属县市没有发生过暴恐事件，社会稳定，为旅游业快速发展提供了必要条件。由于自治区政府的重视，伊犁直属县出名景点建设了机场，大大促进了旅游业快速发展，十年间旅游经济效率的均值为1.0025，接近于全疆均值，并且其旅游经济效率从2010～2014年旅游经济效率有逐渐上升的趋势，从2010年的0.945发展为2014年的1.0672。

塔城地区属于伊犁哈萨克自治州，下辖塔城市、额敏县、裕民县、托里县、乌苏市、沙湾县和布克赛尔蒙古自治县五县二市。截至2015年塔城地区有塔斯特风景区、沙湾温泉、鹿角湾景区等景区，但没有4A级以上的景区，同时塔城地区距离乌鲁木齐市600多公里，地理位置较偏僻，亦不在自治区旅游局“十·五”提出重点发展“五区三线”区域内，故旅游业发展相对缓慢，2013年旅游收入和旅游人次在整个15个地州中排名分别为第11名和第12名。十年间该地区的旅游经济效率均值为0.6257，远低于全疆平均水平，令人欣慰的是近几年塔城地区政府十分重视旅游业发展，裕民县巴尔鲁克山的“山花节”在疆内已是做的小有名气。十年间该地区旅游经济效率循环波动，但总体上呈上升趋势，2009年旅游经济效率达到最低值为0.4112后，但2010～2014年均在持续上升，由2009年的0.4742增长至2015年的0.8672。

阿勒泰地区下辖2个县级市：阿勒泰市、北屯市，六个县：布尔津县、哈巴河县、吉木乃县、福海县、富蕴县、青河县。阿勒泰地区素有“金山银水”的美誉，旅游资源十分丰富，有出名的五A级景区喀纳斯旅游风景区和可可托海国家地质公园，虽然阿勒泰市距离乌鲁木齐700公里左右，但这两个五A级景区均建设了机场。阿勒泰地委、行署以建设“世界精品、中国一流”的百万游客景区和“中国旅游样板工程”为目标，聚全区之力打造喀纳斯旅游品牌，努力将阿勒泰建成全国知名的旅游胜地。十年间阿勒泰地区旅游经济效率均值为0.9066，其变化浮动也是较大，在2006年、2007年的旅游经济效率为0.6218和0.6293，但2008年、2009年、2010年由于整个新疆旅游大环境的萧条，阿勒泰地区的旅游经济效率降至为0.6163、0.5094、0.5272，2011年后整个新疆旅游环境好转，同时由于整个北疆旅游区没有发生过暴恐事件，使得新疆旅游中心向北偏移，很多疆外游客首选阿勒泰地区和伊犁地区。从图4-5可以看出，2011~2014年间阿勒泰地区的旅游经济效率发展速度迅速提高，在北疆旅游区乃至全疆范围都是异军突起，2010年其旅游经济效率值为0.5272，2015年就发展到了1.2576。

博尔塔拉蒙古自治州下辖博乐市、精河县、温泉县和阿拉山口市。博州距离乌鲁木齐500多公里，该州有著名的景区赛里木湖、怪石峪、艾比湖等。十年间博州的旅游业的发展一直不如人意，与其相对便利的交通条件、相对丰富的旅游资源、相对稳定的社会环境等不相适应。博州十年间旅游经济效率的均值为0.5330，远低于新疆旅游经济效率的平均水平，主要原因是博州的景区大多为自然风光，主要旅游类型为观光游。以赛里木湖景区为例，高速公路依湖而建，大部分游客是途经赛里木湖，欣赏风景，而后去往伊犁风景区。博州“旅游通道”效应明显，旅游业并没有给当地带来巨大的经济效应。从图4-5可以看出2006~2009年博州的旅游经济效率一直很低，只在4.5左右徘徊；从2010~2015年博州的旅游经济效率的增长幅度较大，2009年的0.3575，到2012年达到最高值0.9062，虽然到2014年仍小于全疆均值，但总的来说这五年的旅游经济效率均值比前几年有较大幅度提高。

4.2.3.3 南疆旅游区

南疆旅游区包括巴音郭楞蒙古自治州、阿克苏地区、克孜勒苏克尔克孜州、喀什地区、和田地区这五个地区。作为一个多民族聚居的地区，南疆旅游区绚丽多彩的少数民族艺术风情，形成了特具民族特色的人文景观。南疆旅游区自然条件恶劣、生态系统脆弱、经济发展水平较落后。2009年“7·5事件”以后，对当地的社会、经济等各方面产生了巨大的负面影响。十年间南疆旅游区的旅游经济效率均值为0.5084，远低于全疆的平均水平，因为该旅游区的五个地区的均值都远低于全疆均值。从图4-6可以看出十年间南疆旅游经济效率总体是呈下降趋势，2006年、2007年旅游经济效率的值分别为0.5737和0.5318，2008年、2009年由于奥运“安保”措施和“7·5事件”对南疆旅游发展影响巨大，旅游经济效率分别为0.4676和0.4574，2011年和2012年的旅游经济效率有所提升，分别为0.5115和0.5315，但2013年的旅游经济效率又有所下降，变为0.4170，2014年南疆旅游区各地州旅游经济效率发展良好，均有提升，其均值分别为0.5084。十年间南疆旅游区的旅游经济效率出现跌宕起伏并有所下降趋势的主要原因还是近年来暴恐事件的频发对南疆旅游业严重的影响。

巴音郭楞蒙古自治州下辖库尔勒市、焉耆回族自治县、和静县、尉犁县、和硕县、且末县、博湖县、轮台县、若羌县8县1市，面积为48.27万平方千米，是中国面积最大的一个自治州，被誉为“华夏第一州”，巴州是南疆旅游区距离乌鲁木齐最近的一个州，也是南疆旅游区经济发展最好的一个州，巴州有比较丰富的旅游资源，例如，有出名的和硕金沙滩旅游风景区、巴音布鲁克草原、博斯腾湖等。十年间巴州的旅游经济效率的均值为0.5058，远低于全疆的均值。从图3.6可以看出十年巴州的旅游经济效率是稳中有升，就是在2008年和2009年这两个特殊的年份旅游经济效率降低为0.2979和0.3355，但从2010年后巴州的旅游经济效率开始逐步上升，2012年为0.5938，2013年达到0.7641。

阿克苏地区位于新疆天山南麓、塔里木盆地北缘，距离乌鲁木齐约为1000公里，辖八县一市，有阿克苏市、温宿县、库车县、新和县、阿瓦提县、乌什县、柯坪县、拜城县、沙雅县。阿克苏维吾尔族人口占当地总人口比重78%，阿克苏地区作为古代西域与丝绸之路上的文化中心之一，是东西方文明的交汇点，孕育了独具特色的古代龟兹文化，此外阿克苏地区也是新疆出名的瓜果之乡。阿克苏地区旅游资源丰富，有出名的克孜尔千佛洞、库车大寺等景区。十年间阿克苏地区的旅游经济效率均值仅为0.3337，远低于全疆水平。从图4-6可以看出2006~2013年，阿克苏地区的旅游经济效率一直在0.3左右徘徊，其主要原因也是近年来暴恐事件的频发严重制约了阿克苏地区旅游业的发展。2014年，因为新疆社会稳定，旅游环境良好，阿克苏旅游经济效率有所好转，为0.4369。

克孜勒苏柯尔克孜自治州下辖阿图什、阿克陶、乌恰、阿合奇1市3县，该州维吾尔族人口占当地总人口的比重为63.98%，柯尔克孜族人口占当地总人口比重的28.32%。克州距离乌鲁木齐1500公里左右，克州地理位置偏僻，经济落后，旅游资源相对匮乏，截至2015年克州没有5A级景区，十年间克州旅游业的发展相对较缓慢，2014年克州的旅游收入在新疆15个地州排名最后。十年间克州的旅游经济效率均值为0.8699，比全疆均值稍低一些，相比于南疆其他地区要高很多。从图4－6我们可以看出十年克州旅游经济效率的变化趋势图为倒“V”型，2006～2013年，旅游经济效率持续降低，由1.0232降低到0.5291。这还是主要由于暴恐事件发生的影响，2013～2014年，克州旅游经济效率呈现上升趋势，三年间，旅游经济效率由0.5291上升至0.8256。

喀什地区含喀什市、疏勒县、疏附县、莎车县、英吉沙县、泽普县、麦盖提县、叶城县、岳普湖县、伽师县、巴楚县、塔什库尔干县。喀什地区是新疆维吾尔民族文化的发祥地，维吾尔族人口占当地总人口比重的90.97%，艾提尕尔清真寺、香妃墓等历史文化遗迹享誉国内外，奇特的高台民居、迷宫式的古老街巷是维吾尔建筑文化的集中荟萃，享誉世界的《突厥语大词典》和《福乐智慧》是民族文化的智慧结晶，深厚的文化底蕴、浓郁的民俗风情、绮丽的自然风光，使喀什成为新疆出名的旅游目的地。十年间喀什地区旅游经济效率均值为0.4592，也是远低于全疆均值。从图4－6可以看出，十年间喀什旅游经济效率的变化趋势为波浪起伏，总体呈下降趋势。2006年和2007年的旅游经济效率分别为0.5716和0.4748，但从2010年开始，喀什地区旅游经济效率大幅下滑，到2013年旅游经济效率仅为0.2936，这主要原因有以下两个方面：一是近年来暴恐事件的发生，严重阻碍了喀什地区旅游业的发展；二是阿勒泰和伊犁等旅游目的地的崛起，分流了一部分国内外游客。2014年喀什旅游经济效率值达到0.3214，有小幅增长，主要原因归功于稳定的社会环境和全国及兄弟省市的支持。

和田地区位于新疆维吾尔自治区最南端，距首府乌鲁木齐经沙漠公路1500多公里。和田地区辖7县1市，和田市、和田县、皮山县、于田县、墨玉县、洛浦县、策勒县、民丰县，维吾尔族人口占当地总人口比重的96.4%。和田地区自然条件恶劣，经济比较落后，且旅游资源相对匮乏，截至2014年，和田地区没有5A级景区，只有一个4A级景区。十年间和田地区的旅游经济效率均值0.3632也是远低于全疆均值。十年间和田地区旅游经济效率的变化趋势与喀什地区旅游经济效率变化的趋势非常相似，也是波浪起伏、整体呈下降趋势。2006年和田地区旅游经济效率的值为0.5725，到了2013年和田地区的旅游经济效率仅为0.1658，下滑幅度非常大，应引起相关部门的重视。

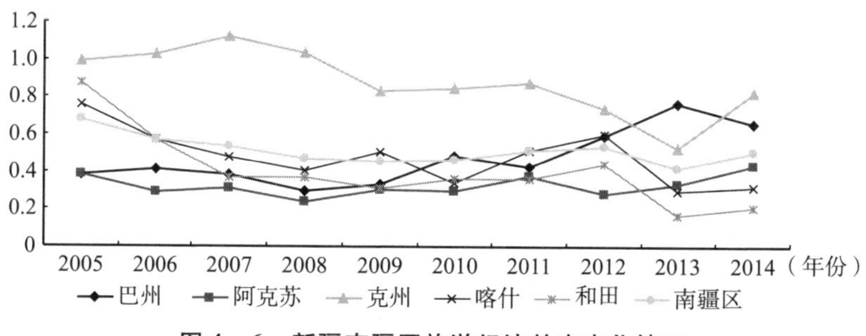

图4-6　新疆南疆区旅游经济效率变化情况

4.2.3.4　东疆旅游区

东疆旅游区只有一个哈密地区。哈密地区辖一市两县，分别是哈密市、伊吾县、巴里坤县。哈密地区地处新疆最东部，是新疆东部出疆的交通重镇，因此有新疆的“东大门”之称。截至2014年哈密地区没有5A级景区，有5个4A级景区，出名的景区有哈密回王府、鸣沙山等。十年间哈密地区旅游经济效率均值为0.7835，稍低于全疆的均值。从图4-7可以看出，十年哈密地区旅游经济效率是大约呈“V”型发展，总体是增长趋势。2006~2009年哈密地区的旅游经济效率为下降趋势，从2006年的0.7652下降至2009年的0.5192，这也是因为这两年新疆旅游大环境的影响。但庆幸的是从2010年其哈密地区旅游经济效率迅速提高，并且有逐步上升的趋势，到了2014年旅游经济效率达到了0.8956。主要原因有以下方面：一是哈密地区一直没有发生过暴力恐怖事件；二是新疆高铁的通车为哈密地区旅游业带来了新的动力与活力。

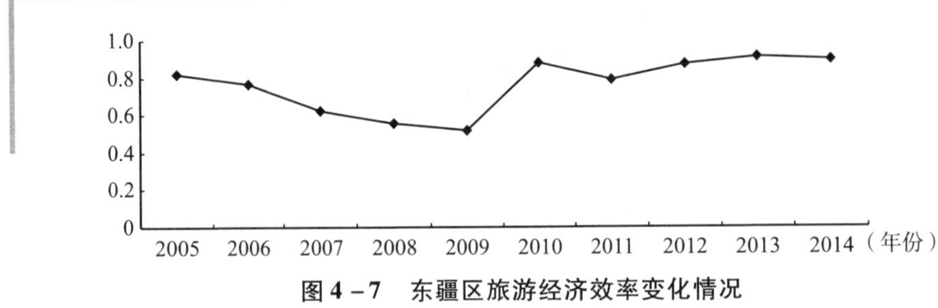

图4-7　东疆区旅游经济效率变化情况

4.3 本章小结

本章基于旅游效率的相关理论，运用投入导向的规模报酬可变的超效率DEA模型，投入变量设为各地州的旅行社的数量、客房数、旅游固定资产投入、旅游资源禀赋；入境旅游总人数、旅游总收入为产出变量，采用EMS软件计算出新疆2005~2014年各地州的旅游经济效率，研究结果显示：十年间新疆旅游经济效率的水平整体偏低，均值只为0.9506，且旅游经济效率高低起伏、总体上是有呈下降的趋势。同时新疆十五个地州的旅游经济效率存在时空差异，将新疆划分为首府圈旅游区、北疆旅游区、南疆旅游区、东疆旅游区，十年间旅游经济效率高低排名为：首府圈旅游区（1.8187）、东疆旅游区（0.7835）、北疆旅游区（0.7226）、南疆旅游区（0.5084）。只有首府圈旅游区的旅游经济效率均值高于全疆的平均水平（0.9506），其余三个旅游区均低于全疆的平均水平。十年间，首府圈旅游区与南疆旅游区的旅游经济效率有所下降，北疆旅游区与东疆旅游区的旅游经济效率有所上升。

第五章

新疆旅游产业全要素生产率分析

作为宏观经济学的重要概念，全要素生产率是分析经济增长源泉的重要工具，同时也是政府制定长期可持续增长政策的重要依据。首先，估算全要素生产率有助于进行经济增长源泉分析，即分析各种因素（投入要素增长、技术进步和能力实现等）对经济增长的贡献，识别经济是投入型增长还是效率型增长，确定经济增长的可持续性。其次，估算全要素生产率是制定和评价长期可持续增长政策的基础。具体来说，通过全要素生产率增长对经济增长贡献与要素投入对经济增长贡献的比较，就可以确定经济政策是应以增加总需求为主还是应以调整经济结构、促进技术进步为主[168]。

全要素生产率通常叫做技术进步率，系新古典学派经济增长理论中用来衡量纯技术进步在生产中的作用的指标的又一名称，它是以索洛等人为首，从20世纪60年代以来发展的增长核算中，作为长期经济增长来源的一个组成部分。所谓纯技术进步包括知识、教育、技术培训、规模经济、组织管理等方面的改善，但还不能具体化为，或不能归因于，有形的效率更高的资本设备、技巧更高的劳动、肥效更大的土地等生产要素的增加投入量，所以又称为非具体化的技术进步，也被比作“天降馅饼”。因此，全要素生产率增长率是指全部生产要素（包括资本、劳动、土地，但通常分析时都略去土地不计）的投入量都不变时，而生产量仍能增加的部分。全要素生产率增长率并非所有要素的生产率，“全”的意思是经济增长中不能分别归因于有关的有形生产要素增长的那部分，因而全要素生产率增长率只能用来衡量除去所有有形生产要素以外的纯技术进步的生产率的增长。全要素生产率一般的含义为资源（包括人力、物力、财力）开发利用的效率。从经济增长的角度来说，生产率与资本、劳动等要素投入都贡献于经济的增长。从效率角度考察，生产率等同于一定时间内国民经济中产出与各种资源要素总投入的比值。从本质上讲，它反映的则是某个国家（地区）为了摆脱贫困、落后和发展经济在一定时期里表现出来的能力和努力程度，是技术进步对经济发展作用的综合反映。全要素生产率是用来衡量生产效率的指标，它有三个来源：一是效率的改善；二是技术进步；三是规模效应。在计算上它是除去劳动、资本、土地等要素投入之后的“余值”，由于“余值”还包括没有识别带来增长的因素和概念上的差异以及度量上的误差，它只能相对衡量效益改善技术进步的程度。20 世纪 50 年代，诺贝尔经济学奖获得者罗伯特·M·索洛（Robert Merton Solow）提出了具有规模报酬不变特性的总量生产函数和增长方程，形成了通常所说的生产率（全要素生产率）含义，并把它归结为是由技术进步而产生的。

那么 2005 ~2014 年新疆各地州旅游产业的全要素生产率发展水平如何？技术效率和技术进步对新疆各地州旅游业全要素生产率的贡献各是多少？技术效率中的纯技术效率和规模效率变化又是怎样呢？本章运用 Malmquist 指数模型动态分析 2005 ~2014 年新疆各地州旅游产业的全要素生产率，以期找出十年间全疆旅游产业全要素生产率的变化规律。

5.1 Malmquist 指数模型

全要素生产率是指“生产活动在一定时间内的效率”，是衡量单位总投入的总产量的生产率指标，即总产量与全部要素投入量之比。全要素生产率的增长率常常被视为科技进步的指标。全要素生产率的来源包括技术进步、组织创新、专业化和生产创新等。产出增长率超出要素投入增长率的部分为全要素生产（TFP，也称总和要素生产率）增长率[169]。

旅游产业的产出是由旅游产业发展的投入而决定的，可以通过调整投入来控制产出，即投入相对于产业而言更加可控。根据法尔（Farre，1994）[170]对工业全要素生产率的定义和方法，假定第 k 个省份 t 时期使用 n 种投入 $X_{k,n}^{t}$ 得到种产出 $Y_{k,n}^{t}$，那么生产技术前沿则是每一个评价单元给定产出的最小投入集。以固定规模报酬（C）、要素强为可处置条件，依据法尔等（1994）最小技术效率可以分解为：

$$F_i^t(y^t, x^t|c, s)=s_i^t(y^t, x^t|s)\cdot CN_i^t(y^t, x^t|v)\cdot F_i^t(y^t, x^t|v, w) \tag{5.1}$$

其中 $F_i^t(y^t, x^t|c, s)$ 表示技术效率，$s_i^t(y^t, x^t|s)$ 表示规模效率，$CN_i^t(y^t, x^t|v)$ 表示测度要素强度可处置度，$F_i^t(y^t, x^t|v, w)$ 表示纯技术效率。距离函数是 *Fare*，即使效率的倒数可以给参考技术 $L^t(y^t|c, s)$ 下的投入距离函数定义：

$$D_i^t(y^t, x^t)=1/F_i^t(y^t, x^t|c, s) \tag{5.2}$$

式（5.2）中可以把投入距离函数看成是某一个生产点（y^t, x^t）向理想状态投入点压缩的比例。$D_i^t(y^t, x^t)\geqslant 1$ 当且仅当 $D_i^t(y^t, x^t)=1$ 时（y^t, x^t）在前沿面上生产为技术有效；如果 $D_i^t(y^t, x^t)>1(y^t, x^t)$ 在前沿面的外部生产为技术无效[171]。把时间代替为 $t+1$ 时间便得到了 $t+1$ 时间的距离函数 $D_i^{t+1}(y^{t+1}, x^{t+1})$。

根据凯夫斯等（Caves et al.，1982）的思想以投入导向为基础的全要素旅游产业生产率能够用 Malmquist 生产率指数表示为[172]：

$$M_i^t=D_i^t(x^t, y^t)/D_i^t(x^{t+1}, y^{t+1}) \tag{5.3}$$

该指数测定了 t 时期技术条件下评价单元从 t 到 $t+1$ 期的技术效率变化。同理可定义时期 $t+1$ 条件下评价单元从 t 到 $t+1$ 期的技术效率变动的 Malmquist 指数为：

$$M_i^{t+1}=D_i^{t+1}(x^t, y^t)/D_i^{t+1}(x^{t+1}, y^{t+1}) \tag{5.4}$$

法尔等（1994）采用两项 Malmquist 指数的几何平均值来计算定向输出的 Malmquist 指数，其中一个将 t 期生产技术作为参照，另一个将 $t+1$ 期生产技术作为参照[173]：

$$M_i(x^t, y^t, x^{t+1}, y^{t+1})=\left[\frac{D_i^{t+1}(x^{t+1}, y^{t+1})}{D_i^{t+1}(x^t, y^t)}\times\frac{D_i^t(x^{t+1}, y^{t+1})}{D_i^t(x^t, y^t)}\right]^{\frac{1}{2}} \tag{5.5}$$

式（5.5）中，$D_i^t(x^{t+1}, y^{t+1})$ 表示用第 t 期技术（即将第 t 期数据作为参考集）表示的 $t+1$ 期技术效率水平，$D_i^t(x^t, y^t)$ 表示用第 t 期技术

表示的当前技术效率水平，$D_i^{t+1}(x^{t+1}, y^{t+1})$ 表示第 $t+1$ 期技术表示的第 t 期技术效率水平。当上述关系式的值大于 1 时表示全要素旅游产业生产率是一个增长趋势，反之，则呈下降趋势。

依据法尔等（1994）的研究，可以把全要素旅游经济效率变化指数相应的分解成纯技术效率变化和规模效率变化[174]即：

$$M_i = (x^t, y^t, x^{t+1}, y^{t+1}) = \frac{S_i^t(x^t, y^t)}{S_i^t(x^{t+1}, y^{t+1})} \times \frac{D_i^t(x^{t+1}, y^{t+1}/VRS)}{D_i^t(x^t, y^t/VRS)} \times \left[\frac{D_i^{t+1}(x^{t+1}, y^{t+1})}{D_i^{t+1}(x^t, y^t)} \times \frac{D_i^t(x^{t+1}, y^{t+1})}{D_i^t(x^t, y^t)}\right]^{\frac{1}{2}} \tag{5.6}$$

式（5.6）中规模效率变化为第一项，纯技术效率变化为第二项，技术变化为最后一项。可以把全要素旅游产业生产率的变化即 M_i 分解为技术效率变化（纯技术效率、规模效率变化）和技术进步[175]。

技术进步是技术进步指数，它可以衡量技术边界从到期的移动，其指数大于1；等于1；小于1，分别表示技术进步，无变化，退步[176]。

5.2 新疆及各旅游区的全要素生产率变化分析

5.2.1 新疆的全要素生产率变化分析

运用 Malmquist 指数模型测算新疆旅游产业的动态效率即旅游产业的全要素生产率，具体如表 5－1 所示。

通过表 5－1 可以看出，2005～2014 年全疆旅游全要素生产率年平均值为 1.0662，技术进步年平均值为 1.065，技术效率年平均值为 0.9987。由此可见，新疆旅游全要素生产率增长主要源于技术进步，技术效率对生产率的增长并不明显。在 2005～2014 年这十年间，新疆旅游全要素在四个阶段出现了负增长，分别是 2006～2007 年、2008～2009 年、2010～2011 年、2012～2013 年。

表 5－1　新疆 2005～2014 年旅游全要素生产率及其分解

时间	技术效率	技术进步	纯技术效率	规模效率	全要素生产率
2005～2006	1.007	1.078	1.005	1.002	1.086
2006～2007	1.006	1.742	0.992	1.006	0.887
2007～2008	0.995	1.078	1.005	0.995	1.037
2008～2009	1.011	0.881	1.000	1.001	0.999
2009～2010	0.988	1.043	1.000	0.991	1.066
2010～2011	1.007	0.989	1.009	1.012	0.881
2011～2012	0.956	1.082	0.997	0.949	1.295
2012～2013	1.011	0.875	0.995	1.023	0.8171
2013～2014	1.002	1.354	1.007	1.011	1.0112
均值	0.9987	1.065	0.999	0.9997	1.0662

图 5－1 描述了 2005～2014 年间新疆旅游业的技术进步、技术效率、全要素生产率的变化趋势。从图中可以看到 2005～2014 年间技术进步经历了复杂的波动变化，2005～2008 年间技术进步从 1.74 降到了 0.881，2008～2011 年间变化不大，发展比较稳定，2013～2014 年间技术进步又有了比较大的上升，达到了 1.354，这说明十年间科技进步对新疆旅游经济效率提升的作用波动较大，也说明新疆旅游业引进先进技术的程度是不稳定的。从十年间技术进步的均值来看，总体上技术进步对新疆旅游经济效率是起到促进作用的。从图中可以看到十年间技术效率变化非常稳定，属于停滞不前，十年间的均值为 0.996，说明十年间新疆旅游产业规模的合理性、旅游产业结构的合理性、旅游企业的管理水平等没有提高，技术效率这一因素对新疆旅游经济效率的提升没有起到促进作用。从图 5－1 可看出十年间新疆旅游产业全要素生产率的变化趋势与技术进步的变化趋势一致，这主要是由于十年间新疆旅游业的技术效率基本没有变化。十年间新疆旅游业全要素生产率的均值为 1.0662，总体上是有所上升，但上升幅度不大，且十年间变化波动较大。2006～2012 年间新疆旅游全要素生产率由 0.887 升至 1.295，2012～2014 年间变化不大，发展比较稳定，总体上来看十年间新疆旅游全要素生产率的变化原因主要来自技术进步，技术效率对新疆旅游全要素生产率的提升没有起到作用，甚至还起到了阻碍作用。

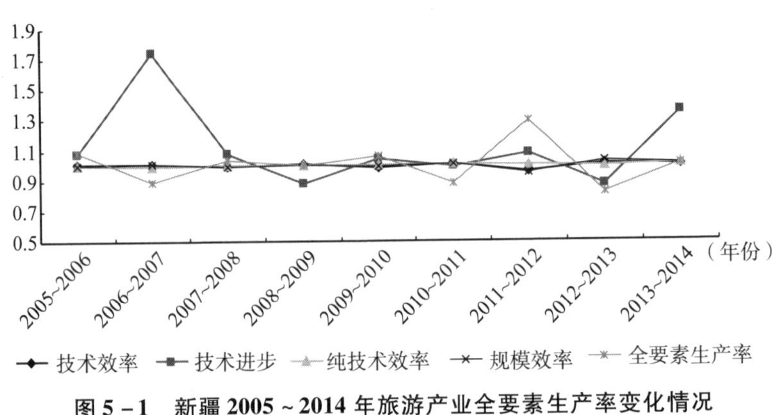

图 5－1　新疆 2005～2014 年旅游产业全要素生产率变化情况

5.2.3　各旅游区的全要素生产率变化分析

表 5－2 是 2005～2014 年新疆各地州旅游产业全要素生产变化率及其分解构成。在 2005～2014 年之间有两个地州的全要素生产率增长为负，分别是乌鲁木齐和克拉玛依，这两个地区的全要素生产率下降的原因有所不同，乌鲁木齐是由于技术效率和技术进步同时降低而导致的全要素生产率降低，而克拉玛依市由于纯技术效率和规模效率都减少，使得其技术效率降低，虽然他的技术进步是以每年 0.2% 在增长，但十年间整个克拉玛依的全要素生产率是降低的。全要素生产率提高的地州有 13 个，其中昌吉州、伊犁直属县市、塔城地区、阿勒泰地区、博州、巴州、阿克苏地区、克州、喀什地区的提升幅度较大，伊犁直属县市、阿克苏地区、克州、喀什地区更是达到了 12.7%、10.8%、10.5%、11.2% 的增长速度。这些地州生产率的提升主要归功于技术进步，技术效率的提高并不明显。

表 5－2　　2005～2014 年各地州旅游产业全要素生产率变化及分解

地区	技术效率	技术进步	纯技术效率	规模效率	全要素生产率
乌鲁木齐	0.993	0.999	1.006	0.989	0.99
吐鲁番	0.998	1.017	1.005	0.996	1.013
昌吉	1.007	1.093	1.007	1.002	1.099

续表

地区	技术效率	技术进步	纯技术效率	规模效率	全要素生产率
石河子	0.996	1.036	1.003	0.995	1.029
首府圈旅游区	0.999	1.036	1.005	0.996	1.033
克拉玛依	0.991	1.004	1.001	0.993	0.993
伊犁直属县市	1.002	1.134	1.002	1.002	1.134
塔城	0.998	1.086	1.001	0.999	1.081
阿勒泰	0.998	1.077	1.002	0.998	1.073
博州	0.996	1.071	0.997	1.002	1.066
北疆区	0.997	1.074	1.001	0.999	1.069
巴州	0.995	1.098	0.995	1.002	1.09
阿克苏	1.002	1.114	1.002	1.002	1.114
克州	1.003	1.111	1.002	1.002	1.113
喀什	1.002	1.118	1.002	1.002	1.118
和田	0.993	1.047	0.993	1.002	1.038
南疆区	0.999	1.098	0.999	1.002	1.094
哈密	0.994	1.015	1.001	0.995	1.007
东疆区	0.994	1.015	1.001	0.995	1.007
均值	0.998	1.067	1.001	0.999	1.063

从图5－1我们可以看到十年间新疆旅游全要素生产率的变化在2009年发生了较大的变化，为了更好地研究新疆旅游全要素生产率的变化规律，本书以2009年为分界点，将2005～2014年划分为两个时段来研究：2005～2008年和2010～2014年。为何选取2009年为分界点，并将2009年这一特殊年份去掉，主要是因为在2009年新疆发生“7·5事件”，严重影响了新疆旅游业的发展。这一年的旅游产业全要素生产率不足以作为研究依据。同时新疆旅游业的发展在2009年前后有了很大的变化，2009年是新疆旅游业发展变化的转折点。因此，在这里将2009年这一特殊年份去除，并分别研究2009年之前与2009年之后的新疆旅游产业全要素生产率变化规律（见表5－3和表5－4）。

表 5-3　　新疆 2005~2008 年各地区旅游产业全要素生产率变化及分解

地区	技术效率	技术进步	纯技术效率	规模效率	全要素生产率
乌鲁木齐	1.0050	1.0080	1.0050	1.0000	1.0130
吐鲁番	1.0000	1.0960	1.0000	1.0000	1.0960
昌吉	1.0390	1.0420	1.0190	1.0190	1.0830
石河子	0.9960	1.0720	0.9960	1.0000	1.0680
首府圈旅游区	1.0100	1.0545	1.005	1.0047	1.0651
克拉玛依	1.0000	1.0040	1.0000	1.0000	1.0040
伊犁直属县市	0.9850	1.0230	1.0150	0.9700	1.0080
塔城	0.9790	1.0170	1.0200	0.9590	0.9960
阿勒泰	0.9860	1.0850	1.0220	0.9650	1.0710
博州	0.9910	1.0330	1.0200	0.9720	1.0240
北疆区	0.9882	1.0324	1.0154	0.9732	1.0206
巴州	0.9760	0.9910	1.0080	0.9680	0.9670
阿克苏	1.0060	0.9790	1.0060	1.0000	0.9850
克州	0.9610	0.9910	0.9990	0.9620	0.9520
喀什	0.9470	0.9850	1.0000	0.9470	0.9320
和田	0.9340	1.0020	0.9980	0.9360	0.9360
南疆区	0.9648	0.9896	1.0022	0.9626	0.9544
哈密	1.0020	1.0910	1.0000	1.0020	1.0930
东疆区	1.0020	1.0910	1.0000	1.0020	1.0930
均值	0.9870	1.0270	1.0070	0.9800	1.0140

表 5-4　　2010~2014 年各地区旅游产业全要素生产率变化及分解

地区	技术效率	技术进步	纯技术效率	规模效率	全要素生产率
乌鲁木齐	0.9780	1.0140	1.0020	0.9780	0.9900
吐鲁番	1.0220	1.0600	1.0020	1.0220	1.0820
昌吉	1.0020	1.0200	1.0020	1.0020	1.0200
石河子	0.9490	1.0170	1.0010	0.9500	0.9630
首府圈旅游区	0.9878	1.0278	1.0018	0.9880	1.0138
克拉玛依	0.9620	1.0100	0.9990	0.9650	0.9690
伊犁直属县市	1.0110	1.2640	1.0100	1.0040	1.2760

续表

地区	技术效率	技术进步	纯技术效率	规模效率	全要素生产率
塔城	0.9310	1.2460	0.9930	0.9400	1.1580
阿勒泰	0.9460	1.0370	1.0020	0.9460	0.9790
博州	0.9590	0.8730	1.0160	0.9460	0.9350
北疆区	0.9618	1.0861	1.0040	0.9602	1.0634
巴州	0.9280	0.8470	0.9870	0.9430	0.7840
阿克苏	0.9570	1.0080	0.9940	0.9650	0.9630
克州	0.9480	1.0220	1.0020	0.9480	0.9670
喀什	0.9540	0.9344	0.9990	0.9570	0.9260
和田	0.9260	1.0060	0.9730	0.9540	0.9300
南疆区	0.9426	0.9796	0.9910	0.9534	0.9220
哈密	1.0020	1.0210	1.0020	1.0020	1.0210
东疆区	1.0020	1.0210	1.0020	1.0020	1.0210
均值	0.9650	1.0260	0.9990	0.9680	0.9870

（1）2005～2008 年，新疆各地州的旅游产业全要素生产率以年均 1.4% 的速度增长，技术效率以年均 1.3% 的速率下降，技术进步率以年均 2.7% 的速率递增，这说明了技术效率的下降限制了新疆旅游业全要素生产率的提升，技术进步是推动新疆旅游产业全要素生产率提高的主要动力。技术效率中纯技术效率整体呈现较小的增长，规模效率却是下降的。这一时段，全疆只有乌鲁木齐、吐鲁番、昌吉、石河子、克拉玛依、伊犁直属县市、阿勒泰、博州、哈密 9 个地州的全要素生产率得到了提升，其中吐鲁番、昌吉、哈密的提升速度较快，分别达到 9.6%、8.3%、9.3%；阿勒泰和博州也达到 2% 以上的增长率，克拉玛依的增长最慢，只有 0.4% 的增长速度。在全要素生产率降低的地州中，喀什地区、和田地区都以 6% 以上的速度降低，其他地区的降低速度均在 6% 以内。喀什地区的技术效率和技术进步均有降低，技术效率中的纯技术效率没有变化，但规模效率下降幅度较大，仅为原来的 0.9470。和田地区在这一时间的技术进步变化不大，其值为 1.0020，但技术效率下降幅度较大，仅为原来的 0.9340，其中纯技术效率和规模效率都有所下降，规模效率下

降幅度较大，仅为原来的 0.9360。

分别看首府圈、北疆、南疆、东疆四个旅游区的全要素生产率分别为 1.0651、1.0206、0.9544、1.0930，四个旅游区中，南疆并未达到效率前沿面，且低于全疆平均水平（1.0140），旅游区之间全要素生产率的均值排名为首府圈—北疆—东疆—南疆的格局。四个旅游区除南疆地区外，技术进步率都呈增长趋势，而技术效率的为负增长或零增长，所以技术效率是导致全要素生产率无效的直接原因。

（2）2010 ~2014 年，新疆各旅游区的旅游产业全要素生产率总体均值以年均 1.5% 的速度降低，技术效率以年均 3.7% 的速度下降，技术进步以年均 2.4% 的速度递增，技术效率的下降导致了新疆旅游业的全要素生产率恶化，导致了新疆旅游业发展质量下降。这一时段，全疆只有吐鲁番、昌吉、伊犁直属县市、塔城、哈密 5 个地区的全要素生产率得到了提升，其余旅游区的全要素生产率都在降低，其中巴州、和田、喀什分别以 16.7%、21.8%、20% 的速度恶化，其他地区的恶化速度均在 4% 以内，这主要是因为近几年南疆的暴恐事件的频发，严重抑制了南疆旅游区的旅游业发展。这一时期各地区的技术效率对全要素生产率的影响超过技术进步对全要素生产率的影响。

分别看首府圈旅游区、北疆、南疆、东疆四个旅游区的全要素生产率分别为 1.0138、1.0634、0.922、1.021，四个旅游区只有南疆未达到效率前沿面，低于全疆平均水平（0.987），旅游区之间全要素生产率排名变为北疆—东疆—首府圈—南疆的格局，这段时间北疆旅游区的全要素生产率变为第一，这主要是因为近几年北疆旅游区没有发生暴恐事件，整体旅游业发展较好。东疆超越首府圈是因为近几年哈密地区旅游发展速度较快，同时兰新高铁的建设也给哈密地区旅游发展带来了契机。四个旅游区除南疆旅游区外，技术进步都有所增长，而技术效率的变化却为负增长或零增长，所以技术效率降低是导致全要素生产率不能大幅提高的重要原因。

通过表 5 -5 分阶段的比较可以看出，两个阶段导致新疆旅游产业全要素生产率变化的原因基本相同，技术进步对旅游业全要素生产率影响呈正向作用，技术效率对旅游业全要素生产率呈负向作用。但这两个阶段的旅游区全要素生产率的排名发生了变化，2005 ~2008 年间旅游全要素生

表 5－5 新疆 2005～2014 年各地区旅游产业全要素生产率变化情况

地区	2005～2006 年	2006～2007 年	2007～2008 年	2008～2009 年	2009～2010 年	2010～2011 年	2011～2012 年	2012～2013 年	2013～2014 年	均值
乌鲁木齐	1.4620	0.7630	0.9450	1.0070	1.1990	0.9020	1.1450	0.7490	1.1120	0.9940
吐鲁番	1.2360	0.9030	1.0290	1.0040	1.0210	0.8930	1.4850	0.7150	1.0890	1.0410
昌吉	1.1610	0.7970	1.0400	1.0990	0.9930	0.9570	1.2280	0.8540	1.0230	1.0170
石河子	1.1310	0.8890	0.9790	1.0360	1.1610	0.8460	1.5000	0.7240	1.2350	1.0540
首府圈	1.2475	0.8381	0.9982	1.0365	1.0935	0.8995	1.3395	0.7605	1.11475	1.0260
克拉玛依	1.1470	0.8460	0.9610	0.9510	1.0930	0.8910	1.2850	0.7170	0.9870	0.9950
伊犁直属县市	1.0540	0.8880	1.0750	1.0370	1.1300	0.7950	1.3940	1.1180	1.3560	1.1350
塔城	1.0570	0.8710	1.1780	0.9650	1.1440	0.7710	1.3540	0.7370	1.2210	1.0440
阿勒泰	1.0100	0.9120	1.1600	0.9740	1.1100	0.7920	1.2720	0.7130	1.2350	1.0550
博州	0.9550	0.9070	1.1710	0.9470	1.0450	0.7670	1.5500	0.6810	0.7890	0.9650
北疆区	1.0446	0.8848	1.1091	0.9748	1.1044	0.8032	1.371[illegible]	0.7932	1.1176	1.0390
巴州	0.9690	0.8730	0.9710	1.1030	0.9790	0.9270	1.5180	0.7070	1.2320	1.0980
阿克苏	1.0210	0.8780	1.0290	1.0010	1.1060	0.9460	1.0580	1.0320	1.0670	1.0390
克州	1.0290	0.9540	1.0250	0.9720	0.9940	0.9410	1.0390	1.0760	1.0780	1.0370
喀什	0.9800	0.9810	0.9940	0.9820	1.0440	0.9140	1.0960	1.0520	1.0760	1.0290
和田	1.0190	0.9700	1.0130	0.9190	1.0010	1.0030	1.1370	0.9340	1.2350	1.0370
南疆区	1.0036	0.9312	1.0064	0.9954	1.0248	0.9462	1.1696	0.9602	1.1376	1.0480
哈密	1.1610	0.8950	1.0280	1.0090	1.0040	0.9070	1.5490	0.6620	1.3250	1.1070
东疆区	1.1610	0.8950	1.0280	1.0090	1.0040	0.9070	1.5490	0.6620	1.3250	1.1070
均值	1.0860	0.8870	1.0370	0.9990	1.0660	0.8810	1.2950	0.8170	1.1370	1.0390

产率的排名为首府圈、北疆、东疆、南疆，而 2010 ~2014 年间旅游全要素生产率的排名为北疆、东疆、首府圈、南疆。这种排名变化的原因主要是：2010 年后北疆的社会较稳定，没有发生过暴恐事件，北疆旅游区的旅游业并未受太大的负面影响。同时，北疆各地政府抓住历史机遇，大力发展当地的旅游业，比如阿勒泰地区努力发展喀纳斯五 A 景区和可可托海五 A 景区，伊犁州更是以打造世界级旅游精品这一巅峰品牌为奋斗目标。

5.3 新疆及各旅游区的技术效率的分解分析

根据 Malmquist 指数模型的特征，可以把技术效率分解成纯技术效率与规模效率，其具体关系为：技术效率是纯技术效率与规模效率的乘积。根据纯技术效率与规模效率的变化可以更清晰的判断出导致技术效率变化的原因。

5.3.1 纯技术效率的变化分析

通过图 5 -2 和表 5 -6 可以看出，就全疆范围而言，新疆旅游产业纯技术效率总体波动不大，从 2006 年的 1. 000 到 2013 年 1. 015，10 年间纯技术效率均值为 1. 001，最高值为 1. 015，最低值为 0. 9880，10 年间新疆旅游产业技术效率发展较平稳、波动不大，发展基本属于停滞不前状态。

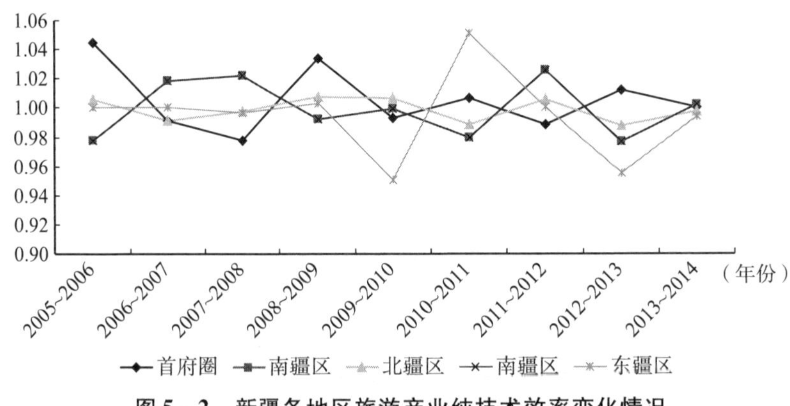

图 5 -2　新疆各地区旅游产业纯技术效率变化情况

表 5－6　　新疆 2005～2014 年各地区旅游产业纯技术效率变化情况

地区	2005～2006 年	2006～2007 年	2007～2008 年	2008～2009 年	2009～2010 年	2010～2011 年	2011～2012 年	2012～2013 年	2013～2014 年	均值
乌鲁木齐	1.1290	1.0000	0.9420	1.0620	1.0000	1.0000	1.0000	1.0000	1.0010	1.0030
吐鲁番	1.0080	1.0000	0.9980	1.0020	0.9960	1.0040	1.0000	1.0000	1.0000	1.0010
昌吉	1.0400	0.9620	1.0110	1.0280	0.9760	1.0250	0.9710	1.0300	1.0000	0.9980
石河子	1.0000	1.0000	0.9600	1.0420	1.0000	1.0000	0.9840	1.0170	1.0000	1.0030
首府圈	1.0443	0.9910	0.9780	1.0340	0.9930	1.0070	0.9890	1.0120	1.0000	1.0080
克拉玛依	0.9860	1.0140	1.0000	1.0000	1.0000	1.0000	0.9910	0.9820	0.9980	0.9990
伊犁直属县市	1.0260	1.0000	0.9310	1.0610	1.0130	1.0000	1.0000	1.0000	1.0010	1.0030
塔城	1.0150	0.9690	1.0320	1.0000	1.0000	0.9850	1.0030	1.0020	0.9990	1.0020
阿勒泰	1.0000	0.9920	1.0080	1.0000	1.0000	1.0000	0.9950	1.0050	1.0000	1.0010
博州	1.0000	0.9820	1.0180	0.9800	1.0210	0.9600	1.0410	0.9520	0.9930	0.9930
北疆区	1.0054	0.9910	0.9980	1.0080	1.0070	0.9890	1.0060	0.9880	0.9980	1.0000
巴州	1.0320	0.9730	1.0280	0.9750	0.9920	0.9760	1.0590	0.9410	0.9920	0.9980
阿克苏	0.9840	0.9720	1.0530	0.9870	1.0130	0.9890	1.0110	1.0000	1.0040	1.0040
克州	0.9690	1.0440	1.0300	1.0000	0.9890	0.9880	1.0100	1.0140	1.0110	1.0090
喀什	0.9420	1.0610	1.0000	1.0000	1.0000	0.9640	1.0370	1.0000	1.0090	1.0150
和田	0.9610	1.0410	1.0000	1.0000	1.0000	0.9840	1.0110	0.9290	0.9950	0.9980
南疆区	0.9776	1.0180	1.0220	0.9920	0.9990	0.9800	1.0260	0.9770	1.0020	1.0000
哈密	1.0000	1.0000	0.9970	1.0030	0.9510	1.0510	1.0000	0.9550	0.9940	0.9950
东疆区	1.0000	1.0000	0.9970	1.0030	0.9510	1.0510	1.0000	0.9550	0.9940	0.9950
全疆	1.0050	1.0000	1.0000	1.0090	0.9970	0.9950	1.0070	0.9880	0.9990	1.0010

对各旅游区进行全要素生产率分析：

①首府圈旅游区：首府圈旅游区旅游产业纯技术效率均值为1.008，高于新疆总体均值，居全疆第一位。十年间该区旅游产业纯技术效率发展变化幅度较大、总体处于上升趋势。十年间发展趋势为“升降升降平”，2005～2008年处于上升阶段，2008～2009年处于下降阶段，2009～2011年处于上升阶段。2011～2012年处于下降阶段，2012年之后波动不大，较为平稳。

乌鲁木齐、昌吉州的旅游产业纯技术效率均值高于首府圈旅游区的均值，其中乌鲁木齐在2009年之前旅游产业纯技术效率一直起伏波动较大，最高达到1.062，2009年之后一直处于纯技术效率为1的有效状态。昌吉地区在2011年之前有一些起伏波动，2011年之后处于纯效率为1的有效状态。

吐鲁番地区的纯技术效率低于首府圈旅游区均值，但是高于北疆地区、南疆地区和东疆地区，这是首府圈地区的纯技术效率高于北疆、南疆和东疆地区的原因。吐鲁番地区的纯技术效率在十年间发展比较平稳，围绕1.0上下波动。从图5-3所示，十年间石河子市的纯技术效率也是发展比较平稳，2006～2007年数值为0.960，2014～2015年数值为1.023。

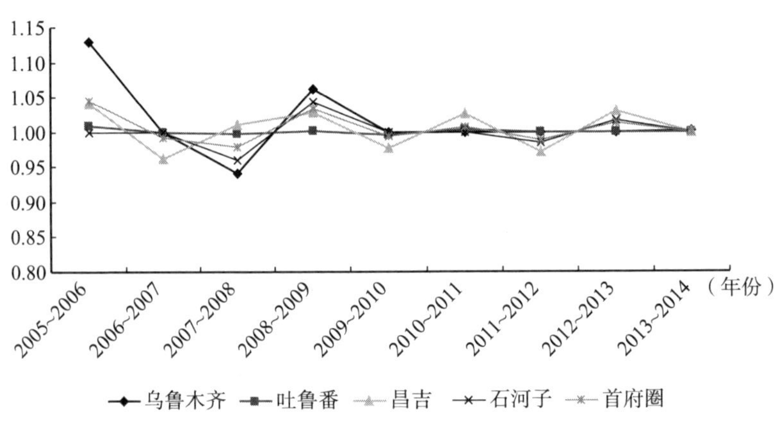

图5-3　新疆首府圈旅游区旅游产业纯技术效率变化情况

②北疆旅游区：十年间该旅游区的旅游产业纯技术效率均值为1.000，低于全疆均值，居全疆第三位。从图5-4可以看出，十年间旅游纯技术效率总体上升趋势，但波动幅度较大，尤其是伊犁直属县市、博州

地区波动明显。

伊犁直属县市、塔城、阿勒泰3个地区的旅游产业纯技术效率均值高于北疆地区的均值，伊犁直属县市波动变化明显，2006~2009年间是下降趋势，2009~2010年间呈上升趋势，2010年之后呈下降趋势。塔城地区和阿勒泰地区旅游产业纯技术效率发展较稳定，总体在1.0上下来回波动。

克拉玛依市和博州两个地区的旅游产业纯技术效率的均值低于北疆地区均值。其中博州地区较为平稳。

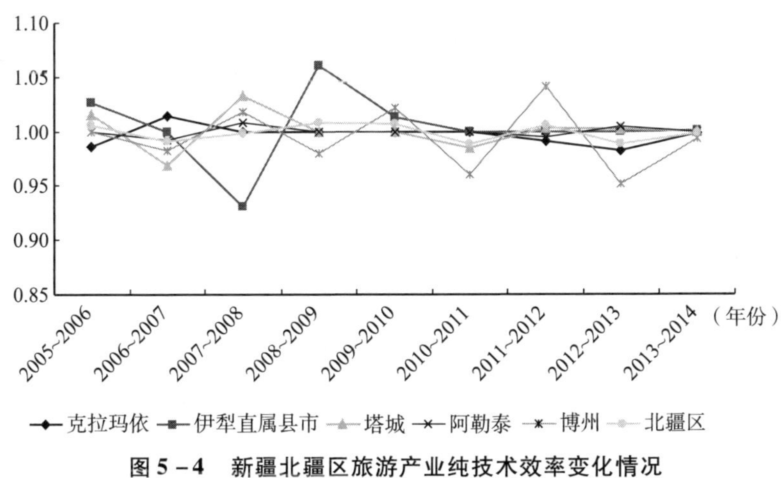

图5-4 新疆北疆区旅游产业纯技术效率变化情况

③南疆旅游区：十年间该区的旅游产业纯技术效率均值为1.000，低于全疆均值。从图5-5可以看出南疆五个地区旅游产业纯技术效率变化趋势很相似，经过十年的发展，南疆各地区旅游产业纯技术效率不升反降，这是需要引起我们关注的。究其原因也是近些年发生的九起南疆暴恐事件严重影响旅游业的发展。

④东疆旅游区：即哈密地区，十年间该区旅游产业纯技术效率总体呈下降趋势，旅游产业纯技术效率均值为0.995，居全疆最后一位，从图5-6中可知十年间东疆旅游区的旅游产业技术效率发展波动较大，2005~2008年间旅游产业纯技术效率发展较稳定，但在2009~2010年出现大幅度下降，虽然2010~2011年上升至10年的最高点，达到1.0510，但是随后又迅速下降下来。

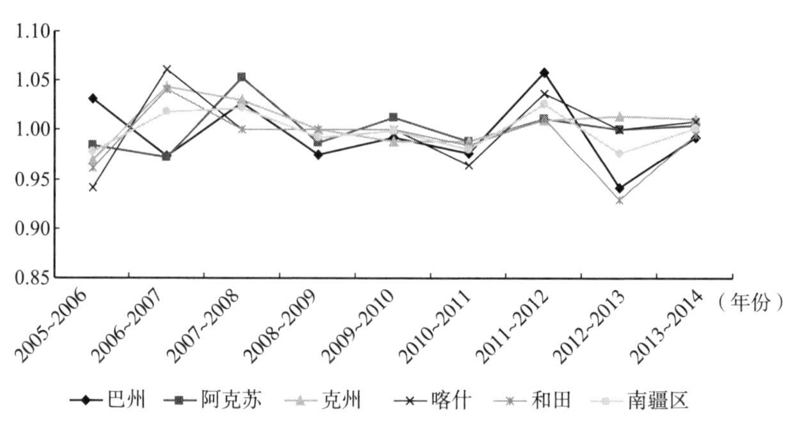

图 5－5　新疆南疆区旅游产业纯技术效率变化情况

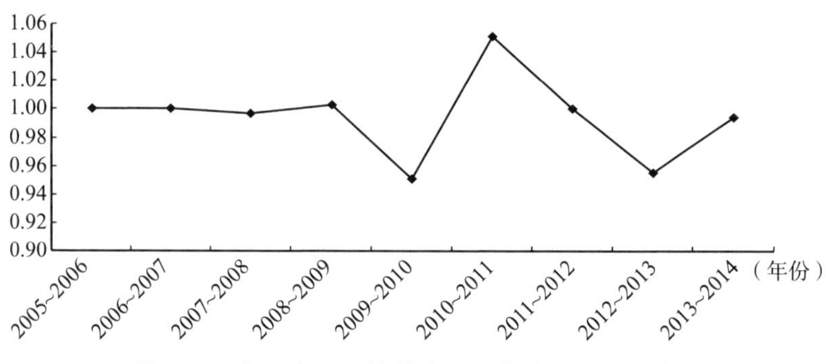

图 5－6　新疆东疆区旅游产业纯技术效率变化情况

5.3.2　规模效率的变化分析

通过表 5－7 和图 5－7 可以看出，就全疆而言，十年间新疆旅游产业规模效率总体变化不大，从 2005 年的 0.995 上升到 1.019，旅游产业规模效率均值为 0.999，表明近年来新疆旅游产业规模效率变化不明显，效率值基本在 1.0 上下浮动。新疆旅游产业规模效率虽然有所提高，但期间也有所波动，2006～2011 年，波动平缓，从 2011 年之后，呈“下降”趋势（除南疆在 2012～2013 年为上升阶段）。

表 5－7　　新疆 2005～2014 年各地区旅游产业规模效率变化情况

地区	2005～2006 年	2006～2007 年	2007～2008 年	2008～2009 年	2009～2010 年	2010～2011 年	2011～2012 年	2012～2013 年	2013～2014 年	均值
乌鲁木齐	1.0470	1.0000	0.9690	1.0320	1.0000	1.0000	1.0000	0.8850	0.9840	0.9900
吐鲁番	1.0450	1.0000	0.9930	1.0070	0.9750	1.0260	1.0000	0.9420	0.9920	0.9940
昌吉	1.0170	1.0000	0.9910	1.0090	0.9620	1.0390	1.0000	0.9980	1.0000	1.0030
石河子	0.9840	1.0170	0.9930	1.0070	1.0000	0.9960	1.0040	0.9320	0.9930	0.9920
首府圈旅游区	1.0232	1.0040	0.9870	1.0140	0.9840	1.0150	1.0010	0.9390	0.9920	0.9950
克拉玛依	0.9960	1.0040	1.0000	1.0000	0.9770	1.0240	1.0000	0.9120	0.9880	0.9890
伊犁直属县市	1.0020	1.0000	1.0000	1.0000	0.9980	1.0020	1.0000	1.0000	1.0000	1.0070
塔城	1.0000	1.0000	1.0000	1.0000	1.0000	1.0000	1.0000	0.9740	0.9960	0.9970
阿勒泰	0.9920	1.0080	1.0000	1.0000	1.0000	1.0000	1.0000	0.9660	0.9960	1.0060
博州	1.0000	1.0000	1.0000	1.0000	1.0000	0.9960	1.0040	0.9990	1.0000	0.9990
北疆区	0.9980	1.0020	1.0000	1.0000	0.9950	1.0040	1.0010	0.9700	0.9960	1.0000
巴州	0.9550	1.0470	0.9780	1.0230	1.0000	0.9970	1.0030	1.0000	1.0070	1.0070
阿克苏	0.9780	1.0220	0.9960	1.0030	1.0020	0.9970	0.8230	1.2190	1.0090	1.0080
克州	1.0000	0.9970	1.0030	0.9980	1.0020	0.9970	0.8030	1.2480	1.0070	1.0070
喀什	1.0000	1.0000	1.0000	0.9980	1.0020	0.9970	0.8[illegible]30	1.2330	1.0060	1.0070
和田	1.0000	1.0000	1.0000	0.9430	0.9500	1.1090	0.8420	1.1950	1.0060	1.0080
南疆区	0.9866	1.0130	0.9950	0.9930	0.9910	1.0190	0.8570	1.1790	1.0070	1.0070
哈密	1.0180	1.0000	0.9960	1.0040	0.9980	1.0020	1.0000	0.9400	0.9910	0.9940
东疆区	1.0180	1.0000	0.9960	1.0040	0.9980	1.0020	1.0000	0.9400	0.9910	0.9940
全疆	1.0020	1.0060	0.9950	1.0010	0.9910	1.0120	0.9490	1.0230	0.9970	0.9990

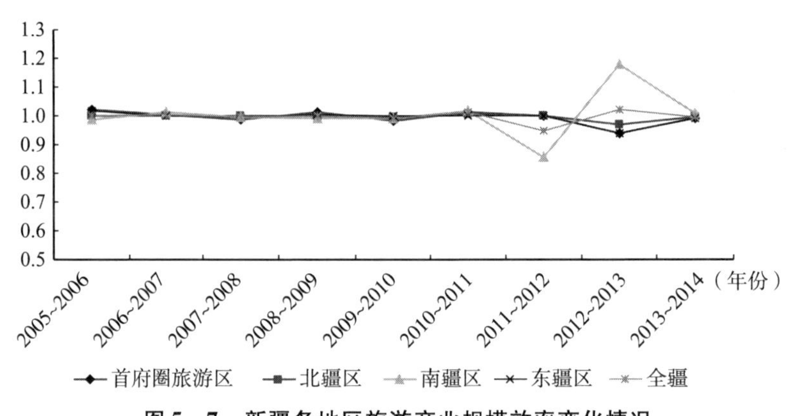

图5－7　新疆各地区旅游产业规模效率变化情况

①首府圈地区：十年间该区旅游产业规模效率均值为0.995，略低于全疆均值，仅高于东疆地区均值。旅游产业规模效率总体呈现一种“升降升降升降”的变化趋势。

昌吉地区的旅游产业规模效率高于首府圈地区均值。2008～2012年，昌吉地区的旅游产业规模效率波动较大，2009～2010年的规模效率为0.9620，2010～2011年的规模效率为1.0390，表明其规模效率波动差异较大。

乌鲁木齐、吐鲁番这两个地区均低于首府圈地区旅游产业规模效率的均值，这2个地区的效率均值也都低于全疆的规模效率均值，这是使首府圈地区规模效率明显低于南疆地区的重要原因。从图5－8所示，十年间，乌鲁木齐旅游产业规模变化波动较大且整体属于下降趋势，尤其是2012～2013年间下降幅度很大。而乌鲁木齐十年间规模效率变化差距较大，乌鲁木齐在2006～2007年的规模效率为1.000，而在2012～2013年的规模效率为0.8850，下降程度很大。十年间吐鲁番地区旅游产业规模效率发展较平稳，只在2009～2010年间有较大的下跌。从图5－8可以看出十年间石河子的旅游产业规模效率发展比较稳定，基本是在一条水平线上轻微浮动。

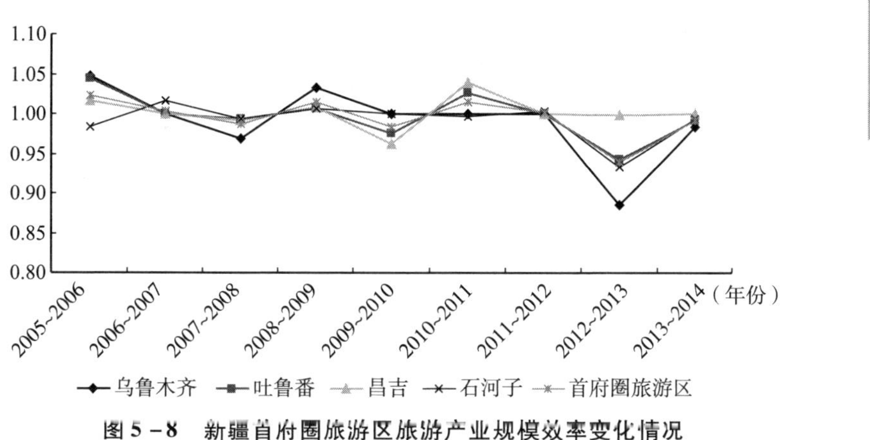

图5－8　新疆首府圈旅游区旅游产业规模效率变化情况

②北疆地区：十年间该区旅游产业规模效率均值为1.000，低于全疆均值，居全疆第二位。从图5－9可以看出，旅游产业规模效率总体较为平稳，但克拉玛依地区旅游产业规模效率波动较大。克拉玛依地区的旅游产业规模效率均值低于北疆地区的均值，原因在于2006～2007年、2012～2013年两地区的效率值较低。其他地区只有极少年份的效率值低于0.990，大部分年份的效率值都在1.0上下波动。

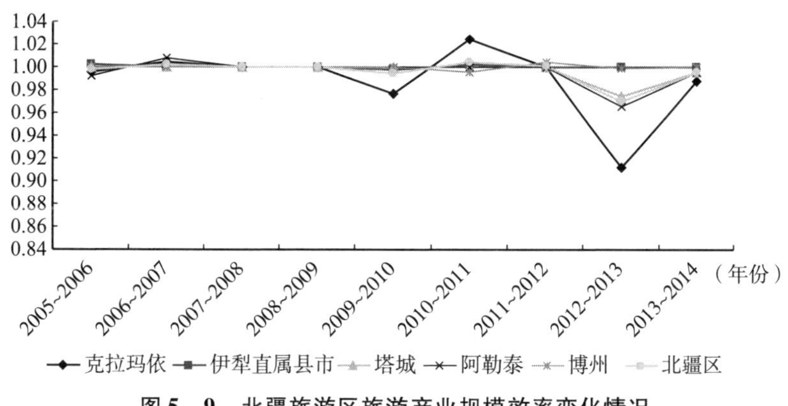

图5－9　北疆旅游区旅游产业规模效率变化情况

③南疆地区：十年间该区旅游产业规模效率均值为1.007，高于全疆均值，居全疆第一位，而且旅游产业规模效率总体处于上升趋势。从图5－10

可以看出，南疆去旅游产业规模效率在2010年以前变化幅度不大，但是2011~2013年间旅游产业规模效率有了很大的变化幅度。南疆区除了巴州的旅游产业规模变化稳定，其余四个地区变化趋势类似，即2011~2012年间都有很大的降幅，而2012~2013年间又有大幅的上涨。其中和田地区波动较大，在2009~2013年呈较明显的“升降升”趋势，2010~2013年南疆地区旅游产业规模效率从1.0194直降到0.8568，再突然涨到1.1790，与新疆地区局势不稳定有关。

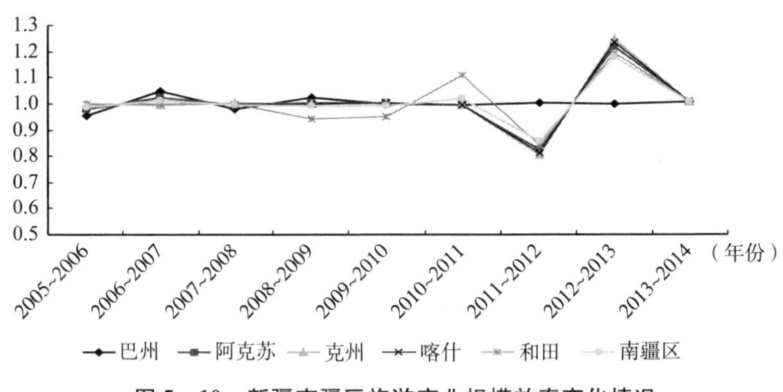

图5-10　新疆南疆区旅游产业规模效率变化情况

④东疆地区：即哈密地区，十年间旅游产业规模效率均值为0.994，低于全疆均值，居全疆末位。从图5-11可以看出，旅游产业规模效率总体处于下降趋势，而且下降趋势较为明显，除了在2005~2008年间规模效率呈上升趋势外，之后整体呈下降趋势，尤其是在2011~2013年急速下降至0.940，可见哈密地区的旅游产业发展规模并没有满足旅游产业整体发展的需要，并且规模效应也在逐渐减小，因此扩大旅游产业的发展规模是未来哈密地区旅游产业发展的必然选择。

通过纯技术效率和规模效率的分析可以看出，新疆的旅游产业纯技术效率（1.001）高于规模效率（0.999），即纯技术效率对于旅游产业的技术效率影响较大。从分地区的情况来看，只有南疆旅游区的旅游产业纯技术效率低于规模效率，北疆旅游区的纯技术效率略高于规模效率，而东疆旅游区和首府圈旅游区的纯技术效率明显高于规模效率。在新疆未来的旅游产业发展过程中，应加大力度来提升规模效率，使其逐渐赶上纯技术效率，从而来提高新疆旅游产业的技术效率。而且对于南疆地区也应该通过扩大巴州、和田等旅游产业纯技术效率较低的地区的纯技术效率，以缩小与其他三个地区的差异。

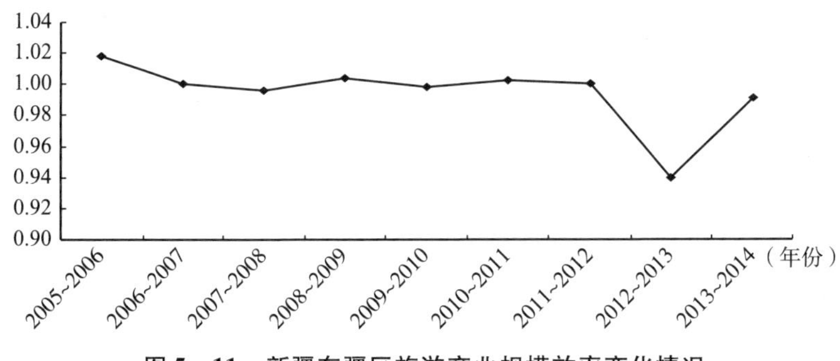

图 5－11 新疆东疆区旅游产业规模效率变化情况

5.4 本章小结

本章基于效率相关理论，以投入变量为各地州的旅行社的数量、客房数、旅游固定资产投入、旅游资源禀赋；产出变量为入境旅游总人数、旅游总收入，运用 Malmquist 指数模型测评了新疆各地州 2005 ~2014 年旅游全要素生产率。结果显示：十年间新疆旅游产业全要素生产率的平均值为 1.061，其中技术进步年平均值为 1.065，技术效率年平均值为 0.996。十年间新疆的旅游全要素生产率增长主要归功于技术进步，技术效率对生产率的增长作用并不明显。

由于 2009 年新疆发生“7·5 事件”，严重影响了新疆旅游业的健康发展，2009 年属于特殊年份，本章将 2009 年剔除，将 2005 ~2014 年分为 2005 ~2008 年和 2010 ~2014 年两个时段分析了新疆旅游产业全要素生产率的变化规律。对各旅游区进行分析，得出十年间各旅游区的旅游全要素生产率变化规律亦是如此。通过将技术效率分解为纯技术效率和规模效率的分析可以看出，新疆的旅游产业纯技术效率（1.001）高于规模效率

(0.999)，即纯技术效率对于旅游产业的技术效率影响较大。从分地区的情况来看，只有南疆旅游区的旅游产业纯技术效率低于规模效率，北疆旅游区的纯技术效率略高于规模效率，而东疆旅游区和首府圈旅游区的纯技术效率明显高于规模效率。

第六章

新疆旅游经济效率的收敛性分析

第四章分析已经得出十年间新疆15个地州的旅游经济效率存在差异，一般来讲，旅游产业的发展要素会自主的从效率较低的地区流向效率较高的地区。这在数学理论上称为收敛现象。改革开放30多年，新疆的旅游业有了长足的发展、旅游业的地位也是越来越被重视。但由于各地州之间的发展条件与区域基础具有一定的差距，如首府圈旅游区的旅游交通、经济发展程度相比其他旅游区都要好一些，南疆旅游区的交通距离就比其他旅游区的交通距离远一些，经济发展水平也落后一些。在这些客观因素的作用下使得新疆旅游产业在发展过程也形成了一种区域间的发展差异。新疆区域旅游差异的存在是无法避免的，因此旅游产业发展过程中呈现一定的区域差异是一种正常的现象，特别新疆的地域面积广袤，少数民族众多、资源丰富、不同的地区旅游资源差异也较大，从而也导致了不同的区域出现旅游经济效率具有较大的差异，但如果差异逐渐变大将会影响新疆的整体旅游发展水平。因此新疆政府也出台了一系列区域政策来使旅游产业得到一定的均衡发展，从而缩小区域间旅游产业的发展水平的差距。那么2004～2013年间，新疆15个地州之间旅游经济效率是否存在收敛现象呢？旅游业发展相对落后地区的旅游经济效率水平随着时间的推移可否赶上先进地区？各旅游区是否具有俱乐部收敛？[177]本章针对这些问题进行深入的探讨，运用不同的收敛检验方法来分析10年间新疆旅游经济效率的收敛变化情况。

6.1

经济增长收敛的相关理论及分析方法

20世纪60年代，新古典经济增长理论被索罗和斯旺（1956）所建立。其中提出了稳定均衡的概念，由于资本的边际收益递减，不同的经国家或地区，由于资本的边际收益递减规律，在经济增长的稳定路径上，其初始静态指标条件（人均 GDP）与其经济增长的速度是负相关的。也就是说，人均 GDP 初值越低，越迅速向均衡点收敛，其他条件类似。而初始人均 gdp 更高的经济单位比经济增长的速度慢，这种现象被称为经济的收敛现象[178]。σ 收敛、绝对 β 收敛、条件 β 收敛和俱乐部收敛四种基本类型是常用的收敛概念，σ 收敛属于一种统计分析方法，这种方法是通过收敛测试单个变量的分布之间的变化趋势的调查，如果变量间的变化趋势随时间的变化而衰减则为 σ 收敛，符合 σ 收敛则表示地区间该变量值的差异呈越来越小的变化趋势[179]；绝对 β 收敛属于截面回归分析方法，检验的基本思路在于：如果落后地区的增长速度高于发达地区的增长速度，那么在未来某一时间点，二者的收入差距就会消失，以实现相同的稳态增长水平的目的[180]。条件 β 收敛检验认为由于各个地区的经济基础及特征具有差异，因此其发展水平会向不同的稳定状态的水平趋近，即向各自的稳定状态增长方向发展，最终达到稳定的增长水平与增长速度[181]，条件 β 收敛检验的一种最常使用的方法是面板数据的固定效应模型，它通过设定截面与时间固定效应，同时考虑了不同地区的不同稳态水平，以及各地区稳态值随时间的变化[182]。俱乐部收敛理论认为只有结构特征与初始状态都相近的国家才会最终收敛于同一稳态，即俱乐部收敛指的是指一组国家或区域如果结构特征相似，人均收入水平会向某一稳态水平趋近[183]。

6.2 收敛分析结果

6.2.1 σ 收敛分析

σ 收敛则表示地区间该变量值的差异呈越来越小的变化趋势，通过对新疆 15 个地州旅游经济效率的分析可以看出新疆各地州之间的旅游经济效率差异较大，旅游经济效率较高的地区与效率较低的地区之间差距的特征也各不相同，对各个地区之间的差异演化特征进行探讨，则需要对新疆旅游经济效率进行收敛性的检验。本章按照新疆的三大旅游区（因东疆旅游区只有哈密一个地区，区内不存在收敛情况）及全疆的 2005 ~ 2014 年的旅游经济效率分别作 σ 收敛性检验、变异系数检验、以期寻找三大旅游区及全疆的旅游经济效率之间差异变化程度与趋势。

σ 收敛检验如下式所示：

$$\sigma_t = \left\{N^{-1}\sum_{m=1}^{N}\left[RE_m(t) - \left(N^{-1}\sum_{k=1}^{N}RE_k(t)\right)\right]^2\right\}^{\frac{1}{2}} \tag{6.1}$$

式（6.1）中，$RE_m(t)$ 表示第 m 个地区在 t 时的旅游经济效率，N 则表示省市区总数。若 $\sigma_t < \sigma_{t+1}$，则旅游经济效率存在 σ 收敛，表示各地区间的旅游经济效率的差距在逐渐缩小，反之则不存在收敛，差距在逐渐扩大[184]。离散程度用变异系数的大小来表示，而变异系数是标准差与平均值的比值，其值越大表示离散程度越大，反之越小。

从表 6 - 1 中可以看出十年间新疆的 σ 系数变化幅度较大，且每年的 σ 值也较大，说明新疆的旅游经济效率的差距还是较大的，但我们可以看到 σ 的发展趋势是呈倒“V”型，2005 年全疆的 σ 值为 0.8064，2009 年最大为 1.1604，2014 年其值变为 0.4947，这说明新疆除 2009 年特殊年份的影响，整体是呈现 σ 收敛，新疆各地州旅游经济效率差距虽然较大但是这种差距呈逐渐缩小的趋势。十年间首府圈旅游区 σ 的均值更大，在 1.5 左右，说明首府圈旅游区各地州的旅游经济效率离散程度较大，但该区 σ 系数的变化趋势与新疆的变化趋势有些类似，十年 σ 系数总体是呈下降趋势的，2005 年的 σ 值为 1.2612，2009 年变为最大是 1.9797，2013 年 σ 值变为 0.6206，这也说明首府圈旅游区的旅游经济效率近两年来呈现了 σ 收敛趋势。从表 6 - 1 可以得出十年间北疆旅游区 σ 变化的趋势是呈直线下滑的趋势，2004 年 σ 值为 0.8624，到了 2014 年其值变为 0.3724，说明北疆旅游区各地州的旅游经济效率呈现明显的 σ 收敛，北疆旅游区的旅游经济效率发展越来越平衡。从表 6 - 1 可以看出南疆旅游区十年的 σ 值不大，基本在 0.2 ~ 0.3 徘徊，说明十年间南疆各地州旅游经济效率的差距不大，发展较平衡，但十年间 σ 值整体变化的幅度不大，甚至还有点上升的趋势。2005 年 σ 值为 0.1998，2008 年由于奥运“安保”措施其值达到最高为0.3434，后面有所下降，但下降幅度不大，2013年其值为0.2337，说明十年间南疆旅游区的旅游经济效率并没有出现σ收敛的趋势。

表6-1　　新疆各地区旅游经济效率变异系数、σ系数变化情况

年份	全疆		首府圈		北疆区		南疆区	
	变异系数	σ系数	变异系数	σ系数	变异系数	σ系数	变异系数	σ系数
2005	0.8478	0.8985	0.6914	1.2787	0.9820	1.0049	0.4152	0.2812
2006	1.0140	1.0670	0.7570	1.7200	0.9870	0.8780	0.4840	0.2780
2007	0.9380	0.7690	0.8060	1.2310	0.9330	0.7290	0.6610	0.3230
2008	1.0530	0.8890	1.0280	1.5410	0.9930	0.8730	0.6900	0.3430
2009	1.1280	1.1600	0.8070	1.9800	0.9180	0.7590	0.4470	0.2140
2010	0.9620	0.9370	0.7470	1.6270	0.5490	0.4470	0.4790	0.2230
2011	0.8980	0.9150	0.8590	1.7500	0.4450	0.4310	0.4150	0.2120
2012	0.7540	0.7230	0.7220	0.9770	0.5670	0.4790	0.4260	0.1730
2013	0.7800	0.7950	0.7620	0.9210	0.4870	0.4720	0.5600	0.2340
2014	0.6910	0.6440	0.6480	0.7580	0.3970	0.4080	0.4080	0.2120

图6-1是新疆及各地区旅游经济效率变异系数变化图，当比较两个或多个资料变异程度时，如果有相同的度量单位与平均数，标准差来比较更方便。当比较的资料单位或平均数不相同时，则需采用变异系数，变异系数是标准差与平均数的比值。一般来说，变量值平均水平高，其离散程度的测度值也大，反之越小[185]。从图中可以看出2005~2014年南疆旅游区各地州旅游经济效率的离散程度最小，且有逐渐减小的趋势。首府圈旅游区各地州旅游经济效率呈倒“V”型发展趋势，2005~2008年逐年增长，2008年离散程度最大，随后逐渐下降，离散程度逐渐减小。北疆旅游区各地州的旅游经济效率的离散程度在2009年前在各旅游区中最大，且2005~2009年间其旅游经济效率的离散程度基本没有变化，一直在0.8~1之间徘徊，高举不小。可喜的是北疆旅游区各地州旅游经济效率的离散程度自2009年逐年高速下降，到了2013年成为新疆旅游经济效率

离散程度最小的旅游区，其原因是2009年后由于暴恐事件的发生，很多南疆的潜在游客将旅游目的地转移到了北疆，且北疆的旅游目的地呈现多点开花的局面。

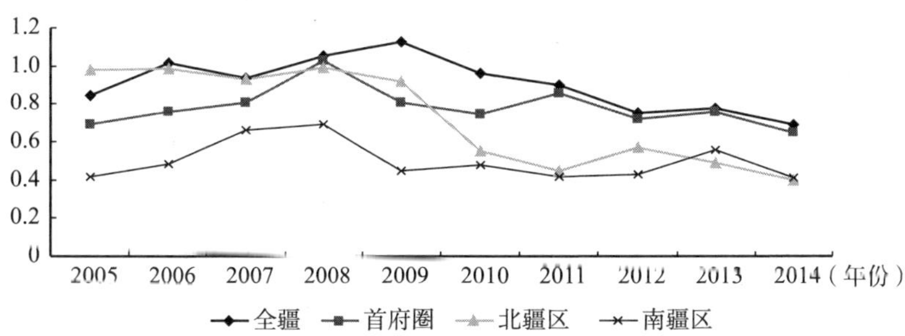

图6-1 新疆各地区旅游经济效率变异系数变化

6.2.2 绝对β收敛

绝对β收敛是指落后地区的增长率比发达地区更高，即期初旅游经济效率水平较低的地区的增长速度比期初旅游经济效率水平较高的地区更快，不同地区旅游经济效率增长率与其初始效率水平负相关，那么在未来某一时间点，二者的收入差距就会消失，从而达到相同的稳态增长水平[186]。本书的收敛模型借鉴巴罗和萨莱-马丁（Barro & Salai-I-Martin，1992）的研究成果，如下：

$$\mathrm{Ln}(TIE_{iT}/TIE_{i0})/T = \alpha + \beta \mathrm{Ln} TIE_{i0} + \varepsilon_{it} \quad (6.2)$$

式（6.2）中，TIE_{i0}表示第i个地区期初的旅游经济效率，TIE_{iT}表示第i个地区期末的旅游经济效率，T表示观察期时间间隔，α为常数项，β为收敛系数。如果β小于0，则地区间的旅游经济效率趋于收敛，大于0则发散。可以通过下式测算旅游经济效率的收敛速度。

$$\beta = -(1 - e^{-\lambda T})/T \quad (6.3)$$

式（6.3）中，λ表示旅游经济效率的收敛速度。

从表6-2可以知道，2006~2015年之间全疆范围内的旅游经济效率的绝对β收敛通过了检验，收敛状态明显，通过DW、Prob值发现结果也很显著。从表中可以看到全疆的λ值为0.06，说明新疆的旅游经济效率十年间是以每年6%的收敛速度变化，这个结果表明全疆范围内旅游经济效率较低的地区与旅游经济效率较高的地区之间的差距在逐渐减小，趋于稳态，如果可以一直维持状态，那么在未来的某一个时间点，全疆范围内的旅游经济效率将共同达到一个稳定的发展状态。通过检验发现首府圈旅游区的旅游经济效率的绝对β收敛，处于明显的收敛状态、通过DW、Prob值发现结果也很显著，且λ值为0.08，是全疆及三个旅游区中的最大λ值，这说明首府圈旅游区的收敛速度最大，为每年8%收敛，首府圈旅游区的旅游经济效率逐渐趋于一致。主要原因是：近几年来吐鲁番地区的旅游发展速度放缓，石河子在新疆建设兵团的大力扶持下，旅游发展速度较快，乌鲁木齐和昌吉地区的旅游发展速度基本没有什么变化，故首府圈旅游区旅游经济效率呈现了绝对β收敛现象。北疆旅游区的绝对β收敛亦通过了检验，处于明显的收敛状态，通过DW、Prob值发现结果也很显著。北疆旅游区的λ值为0.06，说明北疆旅游区的旅游经济效率是以每年6%的速度收敛。近几年由于北疆旅游区没有发生暴恐事件，北疆旅游区的旅游发展较快。伊犁直属县市的旅游发展近几年受到自治区政府的重视，发展速度较快，博尔塔拉蒙古自治州和塔城地区相对阿勒泰地区和伊犁直属县市的资源丰度较低，旅游发展起点较低，但可喜的是近年来也有较快的发展，例如塔城地区的巴尔鲁克山景区越来越受到游客的青睐。南疆旅游区的绝对β收敛亦通过了检验，处于明显的收敛状态，通过DW、Prob值发现结果也很显著。南疆旅游区的λ值为0.024，说明北疆旅游区的旅游经济效率是以每年2.4%的速度收敛，在全疆和各旅游区中收敛速度最小的。近几年南疆旅游区的旅游业发展缓慢甚至很多地区的旅游业发展处于停滞状态是受到暴恐事件的严重影响。喀什作为新疆老牌旅游目的地近年来旅游发展亦是不尽人意，和田、阿克苏、克州等地的旅游业的发展亦是处于停滞状态，巴州近几年旅游业有所发展，但发展速度较慢。南疆旅游区的绝对β收敛判断与σ收敛判断结果并不一样，这主要是因为两种方法判断的内容不一样，σ收敛是判断内部之间差异的变化趋势而绝对β收敛判断是判断旅游经济效率较低的地区向旅游产业较高的地区是否存在追赶和追赶的程度。

表 6-2　　2005~2014 年新疆旅游经济效率的绝对 β 收敛检验

项目	全疆	首府圈旅游区	北疆旅游区	南疆旅游区
α（常数）	-0.225*	0.125*	0.019*	-1.535**
β	-0.047**	-0.059*	-0.047***	-0.023**
R^2	0.466	0.935	0.814	0.744
DW	1.258	2.823	2.772	2.492
λ	0.06	0.08	0.06	0.024

注：括号中数字表示标准差，*、**、*** 分别表示在 10%、5%、1% 水平下显著。

6.2.3　条件 β 收敛

遵循米勒和厄潘德黑（Miller & Upadhyay）的思路[187]，本书采用面板数据双向固定效应对新疆旅游经济效率进行条件 β 收敛检验。面板数据双向固定效应估计方法能够控制时间和截面效应，考虑了不同个体有不同稳态值，同时也考虑了个体自身状态稳态值的时变效应。能够尽量避免遗漏模型解释变量以及解释变量之间的多重共线性问题是其最大优势，更为重要的是，对于面板数据随机效应估计方法来说，面板数据固定效应估计方法允许解释变量与随机误差项可以存在相关关系[188]，这显然对于存在复杂影响机制的区域经济研究至关重要。

根据先验理论指导，条件 β 收敛回归估计式为：条件 β 收敛是在检验绝对 β 收敛时再多添加一些控制变量，β 的符号与显著性发生一定的变化形成的。条件 β 收敛说明各个地区之间的旅游经济效率由于某些方面条件不同而收敛于各自的稳态[189]。具体如下式所示：

$$\mathrm{Ln}(TIE_{iT}/TIE_{i,t-1}) = \alpha + \beta \mathrm{Ln} TIE_{i,t-1} + \varepsilon_{it} \tag{6.4}$$

式（6.4）中，$TIE_{i,t-1}$：表示第 i 个地区 $t-1$ 期的旅游经济效率，TIE_{iT}：表示第 i 个地区期末的旅游经济效率，α 为常数项，β 为收敛系数。

旅游经济效率的条件 β 收敛速度为：

$$\beta = -(1 - e^{-\lambda T}) \tag{6.5}$$

表 6-3 报告了全疆及三个旅游区旅游经济效率条件 β 收敛性检验结果。虽然全疆及三个旅游区条件收敛模型参数 β 均通过显著性检验，且估计值分别小于 0，但当引入式（6.5），不能计算出相应的条件 β 收敛速度

的方法，表明全疆和各旅游区的旅游经济效率十年间并不存在条件β收敛，说明全疆及各旅游区旅游经济效率并没有朝各自的稳态均衡水平收敛。这与计算出的绝对β收敛结果是一致的，因为如果是全疆和各旅游区存在绝对β收敛就不会存在条件β收敛，两者是相矛盾的。

表6-3　旅游全要素生产率条件β收敛性检验：固定效应回归

项目	全疆	首府圈旅游区	北疆区	南疆区
α（常数）	0.136	0.247	0.052	-0.515
β	-1.254**	-0.578*	-0.873***	-1.365**
R^2	0.532	0.854	0.786	0.866
λ	—	—	—	—

注：括号中数字表示标准差，***、**、*分别表示在1%、5%、10%水平下显著。

6.3 本章小结

本章基于经济收敛理论，对全疆、首府圈旅游区、北疆旅游区及南疆旅游区2005~2014年十年间的旅游经济效率进行了趋势分析，研究结果显示：①全疆、首府圈旅游区、北疆旅游区都存在σ收敛、南疆旅游区还不存在σ收敛；②全疆、首府圈旅游区、北疆旅游区、南疆旅游区都存在绝对β收敛，说明全疆以及各旅游区都存在旅游经济效率低的地区追赶旅游经济效率高的地区，也说明了各旅游区存在俱乐部收敛；③全疆及各旅游区并不存在条件β收敛，说明全疆各地州都没有形成各自的稳态发展模式。

第七章

新疆旅游经济效率的影响因素研究

第四章和第五章对新疆旅游经济效率进行了测度，并从静态与动态两个方面对新疆旅游经济效率的现状进行了评价与深入剖析。通过研究发现新疆旅游产业在不同时期表现出不同的效率特征（或增加或降低），然而为何出现效率的高低变化呢，仅仅对旅游产业的效率进行分析评价是很难找到答案的，只有对影响旅游经济效率变化的因素进行识别与实证分析，研究出哪些因素是驱动因素，哪些因素是阻碍因素，并且找出每个影响因素的作用机理，这样才能从更深的层次上去探究产生这种效率结果变化的原因，构建出旅游经济效率驱动机制，从而制定出提升新疆旅游经济效率发展的政策措施与保障对策。本章将以新疆15个地州为研究对象对影响新疆旅游经济效率变化的因素进行识别与分析，并构建旅游经济效率驱动机制。

7.1 影响因素变量选择

从以往的研究回顾与中国区域旅游经济效率计算的结果分析可以看出，不同地区之间由于时间与空间的不同使旅游经济效率差异较大，并且其变化趋势也越来越复杂[190]，如何解释这种区域之间以及更大空间范围内的效率差异问题？究竟是哪些因素促使区域旅游经济效率的时空差异？目前国内外现有的研究也对这一问题进行了探讨（见表7-1）。海外的研究指出区位因素、旅游资源禀赋、经济发展程度和社会文化水平等对于旅游经济效率影响比较大。哈比·埃利普（Habib AliPour，2005）等研究了塞浦路斯旅游部门组织和政府制度的变化在旅游产业发展中的影响，认为政府管理能力的提升是旅游经济效率提升的一个有效途径[191]。朱莉·杰克逊（Julie Jackson，2006）认为服务业的发展规模与水平对旅游产业的发展具有巨大的推动作用[192]。

鲍姆特（Baumt，2008）等认为人力资源，尤其是第三产业的从业人员在旅游产业发展中具有重要作用，并且指出地区专业化水平（即区位熵）对旅游产业发展具有较大的促进作用[193]。迪米特里奥斯·布哈里斯（Dimitrios Buhalis，2008）等在归纳有关研究的基础上剖析了信息技术普及在旅游产业发展中的作用和信息技术的提高与运用、技术创新等要素对旅游产业内在结构升级的影响，阐释了信息技术、技术创新等是旅游经济效率提升的途径[194]。邓冰（2004）等认为影响旅游经济效率的重要因素有交通区位、政府的政策作用，影响旅游产业发展的重要因素是旅游目的的可进入性，是因为旅游产品不能迁移。如敦煌的莫高窟虽然是极佳的旅游景点，但由于区位条件的闭塞，使其发展受到一定的限制，同时，出自于政府的一系列有关旅游产业发展的政策，从中极大地推进了旅游产业的发展[195]。陈梦颖（2010）等强调影响了旅游产业的发展的两个重要因素是交通区位、旅游人力资源，其中交通区位条件是否便利对于旅游者的旅游线路与目的地的选择具有较大的决定作用，据相关统计，60%左右的旅游者将目的地的区位条件列于选择旅游目的地的首要标准。旅游人力资源的服务水平决定了旅游者在旅游过程中的满意程度，如果满意程度越高，旅游消费也就会越高，从而形成较大的旅游产出[196]。贾琳（2010）等认为相关与支持性产业的发展情况在很大程度上决定旅游产业的发展水平，特别是与旅游产业关系密切的相关服务业的发展是旅游产业发展水平与发展能力的重要影响因素[197]。方世敏（2010）等认为影响旅游产业发展的关键因子在于经济水平、政策优势、交通区位因素以及智力因素，并且分析其在旅游产业发展中的影响时，选择人均GDP、固定资产投资、人均可支配收入、客运周转量等指标[198]。

表 7－1　　国内外旅游产业效率影响因素相关研究

年份	研究学者	主要影响因素	主要变量选择
2005	哈比卜·阿里玻尔（Habib Alipour）等	政府管理能力	—
2006	朱莉·杰克逊（Julie Jackson）	服务业发展规模与水平	第三产业产值、从业人员
2008	汤姆拜姆（Tombaum）	人力资源、地区专业化水平	第三产业从业人员、区位熵
2008	迪米特里奥斯（Dimitrios）布哈里斯（Buhalis）	技术进步与创新	—
2004	邓冰等	交通区位、政策作用	空间距离及可达性
2009	冯学钢等	旅游设施、旅游投资、旅游人力资源、旅游环境	旅行社与饭店数量、固定资产总额、旅游从业人员、环境污染治理投资
2010	陈梦颖等	交通条件、旅游人力资源	区位条件、第三产业从业人员
2010	贾琳等	相关与支柱产业	第三产业产值
2010	方世敏等	经济实力、智力因素、政策因素、交通区位因素	人均 GPD、人均可支配收入、固定资产投资、客运周转量
2010	高洪涛等	区位环境、经济环境、创新环境、社会环境	地理位置、交通条件、经济发展状况、可研机构、社会文化网络和政府

本书在文献梳理的基础上，根据新疆旅游经济发展的状况，向旅游行业的相关专家做了问卷调查，最终本书主要从旅游行业资本的投入、旅游行业人力的投入、旅游行业土地要素的投入、人力资本、制度因素、旅游业密切相关的因素（民俗风情、可进入性、地方经济发展水平、对外贸易开放程度、环境质量、社会稳定程度）等 11 个方面来进行旅游经济效率影响因素的识别与分析，由于社会稳定程度不能进行计量分析，因此将前 10 个变量纳入计量分析模型（见表 7－2），社会稳定程度这一变量对回归后的结果补充分析，以补充解释通过计量模型不能完全解释的问题与现象。20 世纪 50 年代末，美国经济学家索洛建立了新古典增长理论，使得研究经济增长问题成为现代经济学中的研究的焦点。新古典增长理论是在

哈—多模型基础上，认为除了土地、资本、人力这些生产要素会影响经济增长，技术进步也是影响经济增长的很重要因素。各地技术进步水平通常用各地的 R&D 的投入来表示，但可惜的是新疆各地州的 R&D 的投入统计年鉴没有，同时考虑新疆一省内技术水平相差不大，故将此指标未考虑为自变量。

表 7－2　　新疆旅游经济效率影响因素的表述性统计

指标	固定资产投资（万元）	旅游从业人数（万人）	对外开放	环境质量（天）	人力资本	民族风情	制度因素	旅游资源禀赋	区位条件	人均 GDP（元）
最大	536913	1.51	1.73	365	7770903	0.963	0.614	159	1755	149127
最小	170	0.008	0	76	103707	0.1835	0.036	13	0	2445
均值	28153	0.17	0.232	290	17742	0.552	0.370	70	1018	28710
标准差	75978	0.303	0.266	73.4	1668459	0.2847	0.134	39.9	540	27161
观测样本	150	150	150	150	150	150	150	150	150	150

①旅游行业资本的投入：投资对社会和经济的发展具有重要的作用。从根本上说，生产的发展、生活的改善、社会的进步，没有哪一项活动能离得开投资和经济增长。在市场经济条件下，投资在国民经济发展与国际交往中发挥着越来越重要的作用。投资是拉动经济的“三驾马车”之一，中国经济发展速度创造奇迹，投资因素功不可没。同样，旅游产业的发展也需要大量的投资。比如说旅游地基础设施、住宿、餐饮的建设。除了旅游产业自身的投资外，其他对于相关配套服务业，区域基础设施，区域环境治理，区域经济发展的投资也是支撑旅游产业发展的重要因素，只有这些都达到了一个较高的水平，旅游产业才能更高效的发展。由于新疆各地州对旅游产业自身的投资没有统计，其他相关配套服务业，区域基础设施，区域环境治理，区域经济发展的投资对旅游的间接投资也不好量化。但统计年鉴记载了各地州各年住宿与餐饮业的投资，笔者运用各地州住宿与餐饮业投资的相对数来表示各地州旅游行业资本的投入，以期得到各地州对旅游行业投资的相对程度。运用 *KT* 表示。

②旅游行业人力的投入：人是社会生产力诸要素中具有决定意义的要

素，发展经济学研究表明，重视人力资本的投资对发展中国家的经济发展具有越来越重要的作用，经济的发展归根到底是人的活动和发展，足够的人力投入是行业健康发展的保证。旅游业从业人员主要包括旅行社从业人员（包括导游）、住宿业从业人员、餐饮业的从业人员、景区景点从业人员。由于统计年鉴中只有各地州旅行社、住宿业、餐饮业的从业人员，故本书将各地州旅行社、住宿业、餐饮业的从业人员之和表示旅游行业人力的投入指标，用 *LT* 表示。

③旅游行业土地要素的投入：土地资源对人类是至关重要的。土地是人类赖以生存和发展的物质基础，是社会生产的劳动资料，是农业生产的基本生产资料，是一切生产和一切存在的源泉。土地是人类生产关系中的核心关系。在人类经济生活中，土地的所有制决定了以土地所有制为基础的生产关系，即再生产过程中人们之间的相互关系和分配关系。具体来说，它决定了土地使用制度，决定了级差地租、绝对地租、地价的存在与否及其水平，并且与土地产品的成本、生产价格、市场价格存在与否及其水平发生密切关系。同时，土地的重要性还决定了在一切社会中，由国家或社会的其他代表对土地实行社会化管理的必要性。要处理不同社会中人与人之间的关系问题，在相当大的程度上都要涉及土地关系问题。社会生产力的发展，不但不会降低土地问题的重要性，相反，土地已成为影响人类可持续发展的世界性重大问题。

由于旅游行业的特殊性，旅游土地要素的投入我们用旅游资源禀赋指标代替。旅游业的发展在很大程度上决定于旅游旅游资源禀赋。旅游资源丰富度与市场需求呈正相关，旅游资源品位和潜在客源市场也是正相关。有许多旅游业发达国家和地区，如西班牙、希腊、加勒比海岸和其他国家，其旅游发展的依托都是丰富和优质的旅游资源。本书中旅游资源丰裕度用旅游资源禀赋（*RA*）指标代替。用各地州 A 级以上景区加权数量表示旅游资源禀赋（*RA*）。定义如下：

$$RA^i = \sum_{n=1}^{5} N \times Q_n^i \tag{7.1}$$

式（7.1）中：i 地区旅游资源禀赋指数表示为 RA，i 地区 nA 级景区数量表示为 Q，每个景区的赋分表示为 N。各地州的旅游资源禀赋指数为各地州各级景区与其赋分乘积的总和。由于5A、4A、3A、2A、1A景区对当地旅游旅游资源禀赋的影响程度不同、吸引游客的能力不同，所以笔者采访了旅游行业的专家并运用德尔菲方法最终给5A景区赋分为9分、4A级景区赋分为7分、3A级景区赋分为5分、2A级景区赋分为3分、1A级景区赋分为1分。

④旅游人力资本的投入：20世纪60年代，美国经济学家舒尔茨和贝克尔创立人力资本理论，开辟了关于人类生产能力的崭新思路。该理论认为物质资本指物质产品上的资本，包括厂房、机器、设备、原材料、土地、货币和其他有价证券等；而人力资本则是体现在人身上的资本，即对生产者进行教育、职业培训等支出及其在接受教育时的机会成本等的总和，表现为蕴含于人身上的各种生产知识、劳动与管理技能以及健康素质的存量总和。在当今社会，知识更新日新月异，有素质的、熟练的从业人员对行业发展的重要程度越来越大。新增长理论强调，知识和人力资本是经济增长的“发动机”，也是经济增长很重要的内生因素。由于各地州旅游从业人员的受教育程度没有统计，本书中运用各地州各类在校人数乘以各类教育阶段的年限的总和表示各地州的人力资本，运用*HR*指标表示，定义如下：

$$HR^i = \sum_{n=1}^{4} N \times S_n^i \tag{7.2}$$

式（7.2）中，*HR*为i地区的人力资本，*S*为i地区各级学校在校人数。*N*为每种级别学校的赋分。由于高等院校、中专、高中学校、初中学校、小学对当地人力资源的影响程度不同，所以笔者根据以往文献中常采用的方法：用学生完成各类学校所需时间来代替各类学校学生对当地人力资源的影响。即：高等院校的$N=16$，中专、高中学校的$N=12$，初中学校的$N=9$，小学的$N=6$。

⑤制度因素：在经济发展过程中，制度的作用无所不在。正如诺思所言：“制度提供了人类相互影响的框架，它们建立了构成一个社会，或更确切地说一种经济秩序的合作与竞争关系。实际上，制度是个人与资本存量之间，资本存量与劳务产出及收入分配之间的过滤器。”有效的制度能够保证市场经济有序地运行从而促进经济更快地发展。具体来说制度在经

济发展中的作用包括以下几个方面：第一，制度通过确立明确的规则，增加了资源的可得性，提高了信息的透明度，因而减少了经济活动的不确定性和风险，降低了信息成本和交易成本，从而促进市场更好地运行；第二，制度可以通过明确界定的产权，促使个人的经济努力转化成私人收益率接近于社会收益率的活动，从而为经济发展提供更强的动力；第三，制度通过对财产权利和知识产权的保护，可以促进技术创新和大批企业家的涌现，从而为经济发展打下很好的微观基础；第四，制度是“矫正价格”“矫正政策”的核心，只有通过建立起适应市场经济发展需要的制度结构，才能够真正“矫正”由市场或政府所造成的价格扭曲或政策扭曲；第五，作为非正式制度安排的意识形态是一种节约信息费用的工具，因而可以减少其他制度安排的费用，而且成功的意识形态可以克服“搭便车”的问题，有利于维护社会的稳定；第六，制度通过建立社会活动的基本规则，扩大了人类在经济、政治、法律、文化等领域的选择机会，从而进一步丰富了经济发展的内涵。总之，有效的制度能够使一个国家的经济发展进程大大加快。相反，无效的制度则会严重地阻碍经济发展。因此，追求经济发展的政府应该根据本国的具体情况，建立并不断完善符合自身需要的、有利于市场机制良好运行的制度结构。制度经济学派认为，一个地区的制度环境对当地经济的发展至关重要，甚至认为在所有影响因素中制度是影响经济增长的最重要因素。关于制度对旅游的影响，国内外做了大量的研究，主要有三个方面：一是研究制度对旅游产业发展的影响；二是研究旅游行业和企业管理体制；三是研究制度对旅游具体行业发展的影响。市场化指数一般是衡量一个地区制度的指标，樊纲课题组结合我国国情构造并计算了中国市场化指数，期间借鉴了国际上的经济自由度指数，市场化指数是目前最权威且得到学术界普遍认可的，但它只能做到省级层面。考虑到数据的可获得性和科学性，本书运用第三产业发展收入与当地总的GDP的比值来表示当地的市场化制度，以表示制度因素，用INT指标表示。

⑥民俗风情。旅游者产生旅游动机的主要来源是每个人都有与生俱来的好奇心。各个民族之间存在着文化差异，这种差异越大，越能激发人们探索的好奇心和求知欲，从而对国内游客、国际游客产生的旅游吸引力也

就越大。不同民族之间文化差异可以满足“求新、求异、求乐、求知”的心理需求，不同民族民俗风情的差异性可以对当地旅游业产生很大的推动作用。新疆民族在长期的历史发展过程中，形成了不同的风俗习惯，具有浓郁的民族特色。民俗风情是新疆吸引国内外游客的主要因素之一。考虑到数据的可获得性和可量化性，本书运用各地州少数民族人数占当地总人数的比重来表示当地的民俗风情指标，用 CT 表示。

⑦可进入性。自古以来，交通对旅游的发展就有着深刻的影响。任何旅游者要实现从定居地到目的地之间的旅行，都必须借助良好的交通条件和一定的运输工具这两个载体。可以说，旅游交通是旅游业发展的充要条件。澳大利亚国家旅游部专家就把旅游交通的重要性表述为：国家相对分散的旅游区域旅游业的发展必须依靠有效的、有质量保证的及一定容量的国家交通网，一定的交通基础设施的提供是一个国家或地区发展旅游业的先决条件之一。在我国，随着旅游活动从低级的以赶景点为主要目标的“苦行游”，向包含多种文化生活内涵在内的、高级的、以休假与游览结合为主要目的的“康乐游”“享乐游”“休闲游”等方向转化，旅游交通的地位与作用正变得日益突出，值得重新认识。旅游区位在很大程度上影响一个地区旅游业发展中的条件、地位、作用以及区域在宏观旅游业开发中的时序、水平、组织和结构等。游客选择旅游目的地会受其时间分配，金钱花费的限制，同时这些又是直接受目的地的可进入性影响。良好的可进入性对众多游客有很大的吸引力，用较低投资换取较高的旅游收入，以推动旅游业的发展。本书可进入性是将各地州的铁路、公路、航空距离乌鲁木齐的里程按照不同的权重进行求和得出，用 ACS 表示。

$$ACS^i = \sum_{i}^{3} N \times K_n^i \tag{7.3}$$

式（7.3）中，N 为各类交通方式的权重。笔者通过德尔菲法最终定为航空的 $N=10$，铁路 $N=7$，公路 $N=5$。K 为 i 地区各类交通里程。此指标为负向指标，笔者在计算前进行了归一化处理。

⑧区域经济发展水平。旅游需求收入弹性较高，因为它是人们在满足了基本生活需求之后，追求较高层次的文化、精神与物质体验，它决定了旅游需求的规模与地区经济发展水平之间具有显著的正相关关系。旅游业

中“食、住、行、游、购、娱”六要素的发展都需要有当地其他产业的支撑，尤其是要发展“游、购、娱”这些弹性较高的非基本消费，就对当地区域经济发展水平有较高的要求。发展旅游需求会进行大规模的基础设施和服务设施建设，只有经济比较发达的地区，才具有较大规模的投资能力，因此当地旅游业能否快速发展与当地地方经济发展水平有直接关系。本书将地方经济发展水平采用人均 GDP 指标来衡量，用 *AG* 表示。

⑨对外贸易开放程度。对外贸易开放程度反映的是一国某年 GDP 生成过程中发生了多少包括进口和出口在内的国际贸易金额。对外开放可以实现互通有无，调剂余缺，优化资源配置。可以节约劳动，提高企业经济效益。吸收和引进当代世界先进的科技成果，增强本国经济实力。接受国际市场的竞争压力和挑战，可以促进国内企业不断更新技术，提高劳动生产率和产品的国际化水平。对外贸易开放程度影响当地的入境旅游发展水平，新疆与蒙古、俄罗斯联邦、哈萨克斯坦、吉尔吉斯斯坦、塔吉克斯坦、阿富汗、巴基斯坦、印度八个国家为邻。新疆的一类口岸对外开放有 16 个、二类口岸有 5 个。对外贸易在新疆旅游经济发展中起着重要作用。本书运用各地州的对外贸易收入与各地州当年总的 GDP 的比值来衡量各地州对外贸易开放程度，用 *TO* 表示。

⑩环境质量。1987 年以布伦兰特夫人为首的世界环境与发展委员会（WCED）发表了报告《我们共同的未来》。这份报告正式使用了可持续发展概念，并对之做出了比较系统的阐述，产生了广泛的影响。有关可持续发展的定义有 100 多种，但被广泛接受影响最大的仍是世界环境与发展委员会在《我们共同的未来》中的定义。该报告中，可持续发展被定义为：“能满足当代人的需要，又不对后代人满足其需要的能力构成危害的发展”。此后世界各国政府和人民都非常关注环境质量。现代旅游者越来越重视身体的健康，随着人们环保意识的增强，尤其关重旅游目的地环境污染状况。安全的食品、干净的水源、清洁的空气都会给游客带来安全感和愉悦感，所以环境质量这一因素对当地旅游业的发展尤为重要。中国政府近年来强调生态文明建设，新疆各地州政府每年也为环境污染治理投入了大量经费。环境质量也可能是影响旅游经济效率的重要因素，考虑到数据的科学性和可获得性，本书运用各地州每年空气质量达到及好于二级的天

数表示各地州的环境质量，用 *ENV* 表示。

⑪社会稳定程度。旅游行业的特性是具有脆弱性和敏感性，2009 年“7·5 事件”的发生严重的阻碍了新疆旅游业的健康发展，之后的暴恐事件也持续严重地影响了新疆旅游业的健康发展。目前，制约国内外游客来疆旅游的重要因素就是社会稳定因素，许多国内外游客因为暴恐事件而改变来疆游玩计划，所以社会稳定程度成为影响新疆旅游经济增长的很重要因素。但由于社会稳定程度这一指标不好量化，因此未将这一变量纳入计量分析模型，只是将这一变量进行回归后的补充分析，以补充解释通过计量模型不能完全解释的问题与现象，用 *ST* 表示。

本章的所有指标的数据均来源于政府统计部门公开发布的权威统计数据。主要来源于新疆统计年鉴 2006～2015，中国旅游统计年鉴 2006～2015，中国旅游统计年鉴副本 2006～2015 及各地州的统计年鉴。保证了数据的可靠性与权威性。

7.2 计量模型的选择与建立

随着经济发展的多元化与经济学理论的不断深化，单一的利用截面数据或时间序列数据来验证经济理论、总结经济规律与分析经济发展趋势都存在一些缺陷与误差。为了使计量经济学的作用与效果得到最大程度的发挥，从 1968 年开始，计量经济学家就把注意力集中在面板数据的研究与分析。现在，面板数据的计量经济学分析一直是计量经济学的一个重要组成部分。本书研究的旅游经济增长影响因素涉及新疆 15 个地州的十年间的数据，计量经济学中单一的时间序列模型只能利用本书中涉及数据的某些信息。例如，只可使用 10 年的数据对时间序列或者 15 个地区的横截面数据建立模型。使用时间序列模型仅能反映同质的非时变不可观测因素，不能揭露不可观测的非时变异质因素对模型参数的估算[199]，容易造成缺失重要解释变量问题，截距项说明了除解释变量之外的非时变不可观测因素在被解释变量中的影响，此外，对于不同研究对象而言它只是揭示了同质的非时变不可观测[200]。对于本书时间序列数据只能分析不同时间变化情况下的某一个研究对象的旅游经济效率影响因素。不可观测的异质性要素被横截面数据模型忽略，易于改变参数估计的有效性和一致性[201]，影响被解释变量的不可观测因子异质性因素，容易造成未知误差分布的异方差性和序列相关性都是随机误差项[202]。

7.2.1　面板数据定义

观察同一变量随时间变化而得到的相应数据即时间序列数据，取多个变量在固定时间点的一系列数据即截面数据，均属于一维数据，在时间序列和截面上一起获得的二维数据，叫做面板数据。因此，面板数据（panel data）又称时间序列与截面混合数据（pooled time series and cross section data），是截面上的对象在差别时点反复观察所得到的数据[203]。

面板数据有以下两种情况：（1）个体数量少，时间长。（2）个体数量多，时间短。当前研究中运用的面板数据主要是指后一种情况。

面板数据用双下标变量表示，例如：

$$Y_{it},\ i=1,\ 2,\ \cdots,\ N;\ t=1,\ 2,\ \cdots,\ T$$

面板数据 Y_{it}，$i=1,\ 2,\ \cdots,\ N$；$t=1,\ 2,\ \cdots,\ T$，若其中每个个体在同一时期都有记录的观察测量值，则称为平衡面板数据（balanced panel data）；在同一时期内，其中的个体缺失若干个观测值，则将此种面板数据定义为非平衡面板数据（unbalanced panel data）[204]。

7.2.2　面板数据模型

面板数据构建的回归模型一般有三种：混合模型、固定效应模型以及随机效应模型。

7.2.2.1　混合模型（pooled model）

假设构建一个面板数据模型：

$$Y_{it}=\alpha+X'_{it}\beta+\varepsilon_{it},\ i=1,\ 2,\ \cdots,\ N;\ t=1,\ 2,\ \cdots,\ T \tag{7.4}$$

其中 Y_{it}表示被回归的变量（标量），α 表示截距项，X'_{it}表示 $k\times1$ 阶

回归变量列向量（包括 k 个回归量），β 表示 $k\times1$ 阶回归系数列向量，ε_{it} 表示误差项（标量）。

上述模型即混合模型，此模型的特征是对于任意一个体和截面，回归系数 α 和 β 都相同。

7.2.2.2 固定效应模型（fixed effects regression model）

固定效应模型分以下三种类型：个体固定效应模型、时点固定效应模型以及个体时点双固定效应模型[205]。

（1）个体固定效应模型（entity fixed effects model）

假设构建一个面板数据模型：

$$Y_{it}=\alpha_i+X'_{it}\beta+\varepsilon_{it},\ i=1,\ 2,\ \cdots,\ N;\ t=1,\ 2,\ \cdots,\ T \tag{7.5}$$

其中 α_i 是随机变量，表示对于 i 个个体有 i 个不同的截距项，而且其变化与 X_{it}有关；X_{it}表示 $k\times1$ 阶回归变量列向量（包括 k 个回归量），β 表示 $k\times1$ 阶回归系数列向量，对于不同个体回归系数相同，Y_{it}表示被回归的变量（标量），ε_{it}表示误差项（标量）。

在上述模型中，假定条件是

$$E(\varepsilon_{it}|\alpha_i,\ X_{it})=0,\ i=1,\ 2,\ \cdots,\ N \tag{7.6}$$

其中 α_i 是随机变量，用来描述不同个体构建的模型间的差异。因为 α_i 是不可观测的，而且和可观测的解释标量 X_{it}的变化相关联，因此上述模型称为个体固定效应模型。

个体固定效应模型也可用下式表示：

$$Y_{it}=\alpha_1D_1+\alpha_2D_2+\cdots+\alpha_ND_N+X'_{it}\beta+\varepsilon_{it},\ t=1,\ 2,\ \cdots,\ T$$

$$\text{其中 } D_i=\begin{cases}1,\ \text{如果属于第 } i \text{ 个个体},\ i=1,\ 2,\ \cdots,\ N\\0,\ \text{其他}\end{cases} \tag{7.7}$$

个体固定效应模型还可以用多方程表示：

$$\begin{cases}y_{1t}=\alpha_1+X'_{1t}\beta+\varepsilon_{1t},\ i=1\ (\text{对于第 1 个个体或时间序列}),\ t=1,\ 2,\ \cdots,\ T\\y_{2t}=\alpha_2+X'_{2t}\beta+\varepsilon_{2t},\ i=2\ (\text{对于第 2 个个体或时间序列}),\ t=1,\ 2,\ \cdots,\ T\\\cdots\\y_{Nt}=\alpha_N+X'_{Nt}\beta+\varepsilon_{Nt},\ i=N\ (\text{对于第 } N \text{ 个个体或时间序列}),\ t=1,\ 2,\ \cdots,\ T\end{cases} \tag{7.8}$$

（2）时点固定效应模型（time fixed effects model）

假设构建一个面板数据模型：

$$Y_{it}=\gamma_t+X'_{it}\beta+\varepsilon_{it},\ i=1,2,\cdots,N \tag{7.9}$$

其中 γ_t 是模型截距项，是一个随机变量，表示对于 T 个截面有 T 个不同的截距项，而且其变化与 X_{it} 有关系。Y_{it} 表示被回归的变量（标量），ε_{it} 表示误差项（标量），X_{it} 表示 $k\times1$ 阶回归变量列向量（包括 k 个回归量），β 表示 $k\times1$ 阶回归系数列向量。上述模型即为时点固定效应模型。

时点固定效应模型还可加入虚拟变量表示：

$$Y_{it}=\gamma_0+\gamma_1W_1+\gamma_2W_2+\cdots+\gamma_TW_T+X'_{it}\beta+\varepsilon_{it},$$
$$i=1,2,\cdots,N;\ t=1,2,\cdots,T \tag{7.10}$$

其中

$$W_t=\begin{cases}1，如果属于第\ t\ 个截面，t=1,2,\cdots,T;\\0，其他（不属于第\ t\ 个截面）。\end{cases}$$

加入虚拟变量的时点固定效应模型还可用多方程表示：

$$\begin{cases}y_{i1}=(\gamma_0+\gamma_1)+X'_{1t}\beta+\varepsilon_{i1},\ t=1\ （对于第 1 个截面），i=1,2,\cdots,N\\y_{i2}=(\gamma_0+\gamma_2)+X'_{2t}\beta+\varepsilon_{i2},\ t=2\ （对于第 2 个截面），i=1,2,\cdots,N\\\cdots\\y_{iT}=(\gamma_0+\gamma_T)+X'_{Nt}\beta+\varepsilon_{iT},\ t=T\ （对于第\ T\ 个截面），i=1,2,\cdots,N\end{cases} \tag{7.11}$$

（3）个体时点固定效应模型（time and entity fixed effects model）

假设构建一个面板数据模型：

$$Y_{it}=\alpha_0+\alpha_i+\gamma_t+X'_{it}\beta+\varepsilon_{it},\ i=1,2,\cdots,N;\ t=1,2,\cdots,T \tag{7.12}$$

其中 α_i 是随机变量，表示对于 N 个个体有 N 个不同的截距项，而且其变化与 X_{it} 有关系；γ_t 是随机变量，表示对于 T 个截面（时点）有 T 个不同的截距项，而且其变化与 X_{it} 有关系；X_{it} 表示 $k\times1$ 阶回归变量列向量（包括 k 个回归量），β 表示 $k\times1$ 阶回归系数列向量，ε_{it} 表示误差项（标量），且满足通常假定 $(\varepsilon_{it}|X_{it},\alpha_i,\gamma_t)=0$，则上述模型被称为个体时点固定效应模型。

个体时点固定效应模型还可表示为：

$$Y_{it}=\alpha_0+\alpha_1 D_1+\alpha_2 D_2+\cdots+\alpha_N D_N+\gamma_1 W_1+\gamma_2 W_2+\cdots+\gamma_T W_T+X'_{it}\beta+\varepsilon_{it} \tag{7.13}$$

其中$D_i=\begin{cases}1，如果属于第\ i\ 个个体，i=1，2，\cdots，N\\0，其他\end{cases}$

$W_t=\begin{cases}1，如果属于第\ t\ 个截面，t=1，2，\cdots，T\\0，其他（不属于第\ t\ 个截面）\end{cases}$

7.2.2.3 随机效应模型

假设构建一个面板数据模型：

$$Y_{it}=\alpha_i+X'_{it}\beta+\varepsilon_{it}，i=1，2，\cdots，N；t=1，2，\cdots，T \tag{7.14}$$

若 α_i 是随机变量，其分布与 X_{it}无关，X_{it}表示 $k\times1$ 阶回归变量列向量（包括 k 个回归量），β 表示 $k\times1$ 阶回归系数列向量，对于不同个体回归系数相同，Y_{it}表示被回归的变量（标量），ε_{it}表示误差项（标量），则上述模型被称为个体随机效应模型（随机截距模型、随机分量模型）。

同样也可定义时点随机效应模型和个体时点随机效应模型，但是上述个体随机效应模型最为常用。其假定条件是：

$$\alpha_i\sim iid(\alpha，\sigma_\alpha^2)$$

$$\varepsilon_{it}\sim iid(0，\sigma_\varepsilon^2)$$

都假定为独立同分布，但并未限定何种分布。

7.3 影响因素的识别与结果分析

经济增长理论的演化进程是经济学家们逐步放松约束条件，逐渐把技术、知识、人力资本、制度等变量添加进入经济增长模型，使其成为重要的解释变量。本书的实证分析同样也参考这一思路，采用逐步添加变量的方法，对影响新疆旅游经济效率的重要程度进行分析。需要注意的是，回归过程中采用对数形式的自变量和因变量。它解决了回归方程中的异方差问题，削减异常点以及残差的非正态分布；另外，回归方程的系数能够反馈因变量在其他前提不变的情况下对自变量的弹性。本书所构建的回归方程如：

$$\ln TE^i = \alpha_0 + \alpha_1 \ln KT^i + \alpha_2 \ln LT^i + \alpha_3 \ln RA^i + \alpha_4 \ln CS^i + \alpha_5 \ln HR^i + \alpha_6 \ln INT^i + \alpha_7 \ln ACS^i + \alpha_8 \ln RG^i + \alpha_9 \ln TO^i + \alpha_{10} \ln ENV^i + \varepsilon^i \quad (7.15)$$

i 代表新疆 15 个地州，$0<i<15$，ε^i 为随机扰动项，α_0 为常数项

估计时采用面板估计模型。首先应用 F 统计量检验判断使用混合效应还是固定效应；其次通过 BP 拉格朗日乘数检验判断是使用随机效应还是混合效应；最后运用 Hausman 检验来对固定效应和随机效应进行筛选。同时，关于面板数据也许会产生的异方差、自相关问题，我们运用 Modified Wald 检验和 Wool dridge 检验进行判断，并对存在异方差、自相关的方程进行相应修正。本书主要通过 Stata 软件对各项参数进行估计，对于固定效应的异方差和自相关采用 xtscc 命令进行修正估计参数，对于随机效应模型的异方差和自相关采用 FGLS 法进行修正。计算结果如表 7－3。

从表 7－3 可以看出随着方程不断加入影响因素，方程的拟合优度也逐渐增加，将所有的因素回归后，拟合优度 R^2 也只是达到 0.79，究其原因是可能是“社会稳定程度”这一因素没有被量化回归。新疆的暴恐事件从 2009 年“7・5 事件”之后社会稳定受到严重影响。旅游业是具有敏感性和脆弱性的行业，暴恐事件的发生使得许多内地游客和国际游客不敢来新疆旅游，严重抑制了新疆旅游业的发展，所以旅游业的健康发展离不开稳定的社会环境。

资本的投入被解释为影响经济增长的重要因素，那么资本的投入对旅游经济效率的作用有多大呢？由表 7－3 可知，旅游经济效率与固定资产投资有着显著的相关性，且为正向相关，但回归的系数只是 0.04，即资本的投入每增加 1 个百分点，旅游经济效率增加 0.04 个百分点，这表明十年间新疆各地州旅游固定资产投资依然对各地州的旅游经济效率增长有促进作用，但是这种促进作用并不大。旅游业资本投资可以促进旅游业的发展，但对提高旅游经济效率的作用较小。

“可持续发展”是在 1987 年世界发展与环境委员会中在《我们共同的未来》中首次被提出和定义，此后世界各国政府和人民都非常关注环境质量。从表 7－3 看，旅游经济效率与环境质量有着显著的正向相关，

表 7－3　各影响因素的回归系数估计值和显著性水平

变量	模型（1）	模型（2）	模型（3）	模型（4）	模型（5）	模型（6）	模型（7）	模型（8）	模型（9）	模型（10）
常数项	9.024*** (0.25)	9.214*** (0.42)	9.306* (0.43)	6.76*** (1.58)	9.21*** (1.83)	10.31*** (1.87)	－17.8*** (4.3)	－17.8*** (4.3)	－9.36*** (3.5)	－7.41*** (4.0)
固定资产投资	0.278*** (0.027)	0.278*** (0.027)	0.278*** (0.027)	0.29*** (0.028)	0.30*** (0.028)	0.28*** (0.028)	0.18*** (0.028)	0.18*** (0.028)	0.04*** (0.026)	0.04*** (0.026)
从业人员数量		0.08 (0.146)	0.08 (0.146)	0.07 (0.146)	0.1 (0.143)	0.08 (0.141)	－0.028 (0.121)	－0.028 (0.121)	－0.08 (0.095)	－0.08 (0.095)
对外开放程度			－0.28* (0.277)	－0.45* (0.277)	－0.41*** (0.272)	－0.27* (0.274)	－0.44* (0.235)	－0.44* (0.235)	－0.30* (0.181)	－0.30* (0.181)
环境质量				0.43* (0.258)	0.41* (0.254)	0.36* (0.251)	0.5** (0.214)	0.5* (0.214)	0.28** (0.171)	0.28** (0.171)
人力资本					－0.17 (0.068)	0.166 (0.067)	－0.08 (0.058)	－0.08 (0.058)	0.025 (0.047)	0.025 (0.047)
制度因素						－2.03 (0.881)	－1.5 (0.761)	－1.5 (0.761)	－0.108 (0.605)	－0.108 (0.605)
旅游资源禀赋							6.52*** (0.92)	6.52*** (0.92)	1.20*** (0.870)	1.20*** (0.870)
区位条件								0.01*** (0.121)	0.01*** (0.121)	0.013*** (0.108)
人均 GDP									0.954*** (0.105)	0.936*** (0.103)
民族风情										0.624
R^2	0.43	0.43	0.44	0.45	0.48	0.5	0.63	0.65	0.78	0.79

注：括号中数字表示标准差，***、**、*分别表示在1%、5%、10%水平下显著。

其回归系数为0.28，即环境质量每增加1个百分点，旅游经济效率增加0.28个百分点，说明好的环境质量促进旅游经济增长，差的环境质量对当地的旅游经济的增长有抑制作用，且环境质量与旅游经济效率的回归系数大于固定资产投资与旅游经济增长的回归系数，这表明环境质量对旅游经济效率的正向促进作用大于固定资产投资对旅游经济增长的促进作用。

从表7－3中可以看出，旅游经济效率与旅游资源禀赋有着显著的正向相关关系，且系数为1.20，即旅游资源禀赋每增加1个百分点，旅游经济效率增加1.2个百分点，是所有正向因素中系数最大的，说明十年间旅游资源禀赋是新疆各地州旅游经济效率的提高最主要因素。十年间拥有良好的旅游资源禀赋，尤其是拥有5A级景区的地州，旅游经济增长速度很快，并成为新疆旅游发展的主要阵地。例如，阿勒泰地区拥有喀纳斯和可可托海两个5A级景区、吐鲁番地区拥有葡萄沟景区、昌吉自治州拥有天池景区和伊犁地区拥有那拉提景区。各地州政府须努力提高旅游资源质量，丰富旅游产品是提升旅游经济效率的关键所在。

表7－3结果显示，旅游经济效率与区位条件有显著的正向关系，这也是旅游产业发展所具有的特点。区位条件是影响旅游经济效率的极其重要的因素，但我们可以看到旅游经济效率与区位条件回归的系数并不大，只有0.013，即十年间区位条件对旅游经济效率提升的作用微乎其微。造成上述情况可能的原因是近几年新疆各地州基础建设大发展，现在几乎每一个较出名的景区都有高速公路的联通，甚至都通有飞机场和火车站，这改变了以往许多景区较难进去的现象。近几年游客进入各个景区都较容易，只是旅途上花费的时间不同，所以对于新疆各地州来说，区位条件（可进入性）对旅游经济效率增长的影响已经不是很大。

从表7－3中可以看出旅游经济效率与当地的人均GDP也存在显著的正向关系，且系数在所有正向影响因素中排名第二位，为0.936，即人均GDP每增加1个百分点，旅游经济效率就会增加0.936个百分点，这表明当地地区经济发展水平对旅游经济效率的提高有较大的作用。造成上述情况可能的原因是发展旅游需要进行大规模的基础设施和服务设施建设，只有经济比较发达的地区，才拥有较大规模的投资能力，因此旅游业与经济发展水平密不可分。旅游业六要素中“游、购、娱”这些弹性较大、利润较高的非基本消费，就对当地区域经济发展水平有较高的要求。同时，若当地的经济发展水平较高，当地的物价水平一般亦是较高，则旅游者在当地的人均花费亦是较高，亦是带动旅游经济效率的提高。目前来看，世界上前十位的目的地国家中，除了中国是发展中国家以外，其余九位均是高收入的发达国家。

从表 7 –3 可以看出，旅游经济效率与旅游从业人员的人数没有通过显著性检验，不存在显著的相关性。当地旅游经济效率的提高是依靠当地的旅游资源禀赋、环境质量、固定资产投资、区位条件这些因素。表 7 –3 说明旅游经济效率的提高并不会随着旅游从业人数的增加而提高。旅游从业人数的增加可能会促进当地旅游业的发展，但并不会对旅游经济效率的提高有所作用。

从长期看，人力资本是提高旅游经济效率的关键变量。一定的人力资本存量的积累是经济发展和科技进步的前提。但在表 7 –3 的结果表明，人力资本水平没有通过显著性检验，人力资本水平和旅游业的效率没有显著关系。一个可能的解释是：旅游业是劳动密集型而非技术密集型产业，其就业领域依然以低技能或无技能人群为主，企业投资在员工的培训和以教育来提高人力资本的收入不高，因此，无论是企业还是个人都对教育的激励不足。恰恰由于对人力资本培育的轻视，旅游发展不但不能推进内生技术进步，相反的，会阻碍创新和知识生产。如果一直这样下去，旅游发达地区可能会因为教育支出不足和人力资本匮乏，削弱经济长期增长的动力，降低旅游经济效率，这种机会成本或“挤出效应”是我国还有各地区在以往的旅游发展中被忽视的问题，今后须予以高度的重视。毕竟，以人力资本为核心的技术进步才是提高经济效率、转变经济增长方式的关键因素。

制度因素是阐释各个国家经济增长差异的一个很重要的解释变量。健全的法制环境，高效的行政管理体制，自由市场经济秩序是达到良好增长绩效的必要前提条件。我国经济学者的研究也强调，推进我国近年来经济增长的重要变量是制度变革会引起资源重新配置效应。本书中，以第三产业发展水平代表制度因素，即一个地方的第三产业发展水平越高，当地市场化程度就越高。从表7-3我们看出新疆各地州旅游经济效率与各地州的市场化程度没有通过显著性检验，即不存在显著地关系，旅游经济效率的变化没有受市场化程度的影响，这与我国学者左冰的结论相同。究其原因可能是新疆的旅游业的发展在很大程度上还是政府推进和引导的结果，没有被市场发展来引导，这种模式被称为“政府主导型旅游发展模式”。由于旅游资源的规划、企业的进入、退出在很大程度上不是由市场决定而是由政府决定；政府促销力度也影响客源市场需求。因此，市场化程度不影响新疆旅游经济效率的提高。当然这种“政府主导型旅游发展模式”属于旅游发展的初级阶段。

民俗风情是吸引游客的一个很重要的因素，国内外很多地方也开展了民俗旅游，新疆具有浓郁的民族特色。从表7-3我们可以看出，民俗风情因素与旅游经济效率之间的关系并没有通过显著性检验，即十年间民俗风情这一因素对新疆旅游经济效率的提高没有起到作用。造成这一情况的主要原因可能是从2009年发生“7·5事件”后，暴恐事件不断发生，而且发生的地点主要是南疆四地州，这些都是少数民族所占比例较多的地方。自“7·5事件”后，很多的国内外游客选择疆内旅游目的地为少数民族所占比例相对较少的首府圈旅游区、北疆旅游区等。十年间，民俗风情这一因素没有为提高新疆旅游经济效率做贡献。

一般认为，一个地方的对外开放程度会正向促进当地的入境旅游发展。从表7-3我们看出新疆各地州旅游经济效率与各地州对外开放程度的关系通过了显著性检验，并且存在显著地负向关系，两者之间的系数为-0.30，即对外开放每增加1个百分点，旅游经济效率就会降低0.30个百分点。造成这一情况可能的有两种解释：一是新疆的对外开放口岸较多，通过口岸入境的外国人绝大部分是做进出口贸易的，其产生的经济收入被记为当地的对外贸易额，并没有记为旅游的收入；其过程中产生的入境人流也没有记为入境旅游人数。二是一个地方的对外贸易程度越高，经济发展水平一般较好，就会导致该地方的物价水平也会较高，同时，当地人力资源的成本较高，土地租金较高，也会阻碍旅游企业的进入，这些都是阻碍当地旅游业的发展的因素，不利于旅游经济效率的提高。

7.4 各因素对旅游经济效率相对贡献度的分析

通过对众多因素的考察发现，资本投入、环境质量、旅游资源禀赋、区位条件、当地经济发展水平对于新疆各地州旅游经济效率都具有正向作用；从业人员的数量、人力资本、制度因素、民俗风情与旅游经济效率的关系没有通过显著性检验；对外开放与旅游经济效率具有反向变化关系。参考帕勃拉奇思和格拉夫（Papyrakis & Gerlagh，2004）对美国经济收敛性分析的方法[206]，结合表7－3与表7－4的结果，分析各种影响因素的相对贡献度，见表7－5。

表7－4　　各影响因素与旅游经济增长之间的独立回归结果

系数	资本投入	环境质量	旅游资源禀赋	区位条件	人均GDP
常数项	9.02*** (0.24)	13.17*** (1.8)	－28.01*** (3.69)	11.478*** (0.051)	－0.27*** (0.58)
Y	0.278*** (0.27)	0.32* (0.33)	9.72*** (0.91)	0.2*** (0.18)	1.19*** (0.058)
R^2	0.4305	0.06	0.4602	0.005	0.7575

注：括号中数字表示标准差，***、*分别表示在1%、10%水平下显著。

在表7－5中，第（1）列是排除了从业人员、对外开放、人力资本、第三产业发展水平剩下的5个影响因素的系数，即表7－3中模型（10）列。表7－5中的第（2）列是表7－4中对旅游经济增长呈正向关系的五个因素分别与因变量单独回归的相应系数，各种正向因素对旅游经济效率所产生的影响采用相应两列系数相乘的计算方式，即表7－5第（3）列，第（4）列则是各种因素所占比重，即贡献度。研究的目的是剖析各因素对于旅游经济效率增长的影响，所以略去了与增长具有负向关系的人力资本变量。

表 7－5　　　各影响因素对新疆各地州旅游经济增长的贡献

系数	(1)	(2)	(3) = (1) × (2)	(4) = (3)/ ∑(3)
资本投入（KT）	0.04	0.278	0.011	0.000855
环境质量（ENV）	0.28	0.32	0. 089	0.006915
旅游资源禀赋（RA）	1.2	9.72	11.66	0.905983
区位条件（ACS）	0.013	0.2	0.0026	0.000202
人均 GDP（AG）	0.936	1.19	1.11	0.086247
合计			12.87	—

根据表 7－5 可以看出，这五个对旅游经济效率的正向因素中影响最大的是旅游资源禀赋因素，其贡献率高达 90.6%，这说明新疆各地州旅游经济效率的增长绝大部分是由于各地的旅游资源禀赋促进的，这主要是因为旅游资源禀赋因素是吸引游客最重要的因素，如果一个地方的旅游资源禀赋丰富，即使其他因素不是很发达，也会吸引众多游客，例如 20 世纪 90 年代的喀纳斯景区。其余因素按贡献度排列依次是当地人均 GDP、环境质量、固定资产投资和区位条件，分别占 8.6%、0.69%、0.08%、0.02%。根据分析结果可知，要提高新疆旅游经济效率的首先必须提高当地旅游资源禀赋，即根据各地州现有的旅游资源通过合理的旅游开发和规划，逐步提高旅游景区的核心竞争力和知名度，塑造景区与众不同的旅游形象。其次当地的经济发展水平亦是旅游经济效率提升的载体，提升当地经济发展水平，可以丰富“游、购、娱”弹性大、效益高的非基本旅游消费产品，提高旅游收益，提升旅游经济效率，边疆贫困地区经济落后，只能提供旅游要素中的“吃、住、行”弹性小、效益低的基本消费产品，不能够提升当地旅游经济效率。环境质量的贡献度虽然较小，但不能忽视，环境质量属于旅游经济效率保健激励因素中的保健因素，随着生态环境的恶化，环境问题越来越受到世界各国政府和人民的关注和重视，人们的环保意识增强，同时人们对生态旅游的需求越来越强烈。固定资产投资对旅游经济效率的贡献率很小，仅为 0.08%，适当的固定资产的投资会促进旅游产业的发展，但若投资过高，消费较低就会形成产能过剩，进而导致失业率升高、资源浪费等现象，会降低旅游经济效率。区位条件对旅

游经济效率的贡献率最小，仅为0.02%，在现今交通发达情况下，每个景区的区位条件差距会越来越小，对旅游经济效率的提升作用将逐渐减小。

7.5 本章小结

本章基于文献回顾以及对专家问卷调查的基础上，结合2005～2014年新疆15个地州的面板数据，运用固定效应模型筛选和识别出新疆旅游经济效率的影响因素。研究结果显示：对新疆旅游经济效率正向作用的因素有：固定资产投资、环境质量、旅游资源禀赋、区位条件、人均GDP；对新疆旅游经济效率负向作用的因素有：对外开放；与新疆旅游经济效率的关系没有通过检验的是旅游从业人员的数量、人力资本、民俗风情、制度因素四个因素。其中各正向因素中对新疆旅游经济效率贡献率最大的是旅游资源禀赋，达到了90.59%，其次是当地的经济发展水平和环境质量，贡献率分别为8.60%、0.69%。

第八章

提升新疆旅游经济效率的对策建议

前文对新疆15个地州近十年来旅游经济发展现状及旅游经济效率有了较全面的研究、分析出了近十年来全疆及各旅游区旅游经济发展的时空演变、旅游经济效率的变化规律、旅游经济效率的发展趋势和影响新疆旅游经济效率的因素，并对全疆及各旅游区旅游经济效率、全要素生产率、收敛趋势、影响因素等方面进行了机理分析。为了能够将理论的研究成果对实践有指导作用，笔者基于前文研究的结论，与新疆旅游发展现状相结合，从下面四个方面提出了发展新疆旅游经济及提高旅游产业效率的对策建议，以期能够促进新疆旅游经济的发展，提升新疆旅游经济效率，从而实现新疆旅游业由粗放型发展向集约型发展转变。

8.1 产业制度方面

8.1.1 维护新疆社会稳定以改善旅游环境

旅游业具有脆弱性和敏感性，自2009年“7·5事件”后，时有发生的暴恐事件，严重影响了旅游业的健康发展，还造成世人对新疆这片美丽的土地产生了恐慌和望而却步。新疆旅游官网的数据显示，2008年、2009年新疆的国内旅游及入境旅游收入均出现负增长，2008年新疆旅游收入相比2007年暴跌26.8%，2009年连续下跌，出现10.7%的负增长。

2008 年创汇美元收入增长 -16%，同比大跌 2612 万美元。近年来，安全成了困扰新疆旅游业发展的最大问题。

十年间南疆旅游经济效率总体是呈下降趋势，2004 年、2005 年旅游经济效率的值分别为 0.6758 和 0.6773，2008 年、2009 年由于奥运“安保”和“7·5 事件”对南疆旅游发展影响巨大，旅游经济效率分别为 0.4676 和 0.4574，2011 年和 2012 年的旅游经济效率有所提升，分别为 0.5115 和 0.5315，但 2013 年的旅游经济效率又有所下降，变为了 0.4170，十年南疆旅游区的旅游经济效率出现跌宕起伏并有所下降趋势的主要原因还是近年来暴恐事件的频发对南疆旅游业严重的影响。

综上所述，社会稳定是旅游业发展的基础，旅游业要健康发展必须有安定的社会环境。目前，新疆社会各界努力维护社会稳定，维护效果初显。自治区政府在全力维护社会稳定，改善旅游环境的同时，也应积极通过各种途径向国内外宣传新疆旅游安全环境，消除游客的心理阴影，鼓励游客来疆旅游。截至目前，没有一名来新疆的游客因为暴恐事件而遇害。

8.1.2 不同的旅游区可实行不同的旅游发展政策

无论是运用超效率 DEA 静态分析出的旅游经济效率还是运用 Malmquist 指数动态分析出的旅游全要素生产率，首府都市圈旅游区、北疆旅游区、南疆旅游区、东疆旅游区因为区位条件、经济发展程度、民族构成、景区丰裕度等条件有各自的发展规律，首府圈旅游区的特点是经济发展水平较高、交通条件优越、旅游资源丰富，民族主要由汉族、回族和维吾尔族构成，十年间首府圈旅游区旅游经济效率呈下降趋势；南疆旅游区的特点是自然条件恶劣、生态系统脆弱、经济发展水平落后，民族主要由维吾尔族和塔吉克族构成，近年来，南疆旅游区暴恐事件的发生，严重影响该区旅游业的健康发展，十年间旅游经济效率亦呈下降趋势；北疆旅游区的特点是旅游资源资源丰富、具有欧洲风光的特点，经济发展水平一般、主要由汉族、哈萨克族和蒙古族组成。近年来，北疆旅游区社会稳定，没有发生过暴恐事件，十年间北疆旅游区的旅游经济效率呈上升趋势、东疆旅游区只有哈密一个地区，哈密地区的特点是人口较少，相对城市化率较高，没有五A级景区，但哈密地区是新疆通向中国内地的要道，有“新疆门户”之称，2014年11月16日，乌鲁木齐通往哈密的高铁开通，将会对哈密地区的旅游业有很大的推动作用，近年来，东疆旅游区社会稳定，没有发生暴恐事件，十年间，东疆旅游区的旅游经济效率亦呈上升趋势。

为了更好地因地制宜，结合实际促进旅游业的良好发展，四个旅游区可以根据自身旅游发展情况实行不同的旅游发展政策，新疆旅游区可以在各旅游区下设旅游合作组织机构。各旅游区旅游合作组织机构的主要职能是：结合自己旅游区具体的资源特点、旅游条件、旅游目标等设立旅游发展策略，制定各旅游区旅游合作发展的规划，整合旅游区内的优势资源、开发优势产品，协调各旅游区旅游合作开发的相关事宜，减少各旅游区旅游合作中的各种障碍。

不同的旅游区根据各自旅游发展情况实行适合自身的旅游发展政策，这避免了各旅游区执行不适合自身特点的“统一”政策。

8.1.3 调整旅游产业结构

分析新疆十年间的旅游收入，计算得出交通、住宿所占比重较大，而商品购物、餐饮、邮电、娱乐等所占比重较小，2012年新疆国际旅游产业交通收入占比为35.2%，占有较大比例，旅游者在旅游区的支出却很少，新疆的旅游购物消费仅为35%，远低于发达旅游地45%的平均值，这些都说明了新疆旅游收入主要来源于“食、住、行”这些刚性强、弹性小、收入低的基本旅游消费方面，而“游、购、娱”这些弹性大、收入高的旅游非基本消费在新疆的旅游收入中占的比例很小。旅游管理部门应根据新疆旅游资源特点，在商品购物和娱乐方面开发出一些销量好、附加值高的旅游产品，以期提高旅游效益，彻底改变仅靠门票收入、交通收入的旅游发展初级阶段。

8.2 技术与管理创新方面

8.2.1 提高旅游产业技术效率

运用 Malmquist 指数模型测算新疆旅游产业的动态效率即旅游产业的全要素生产率，可以得出新疆 2005～2014 年旅游全要素生产率年平均值为 1.061，其中技术进步年平均值 1.065，技术效率年平均值为 0.996。由此可见，新疆旅游全要素生产率增长主要源于技术进步，技术效率对生产率的增长并没有作用。技术效率用于衡量在稳定生产过程中（假设没有技术进步和技术创新），生产者获得最大产出的能力。技术效率可以分为纯技术效率和规模效率。十年间新疆旅游业的纯技术效率和规模效率分别为 0.9992 和 0.9969，说明十年间新疆旅游产业规模的合理性、旅游产业结构的合理性、旅游企业的管理水平等并没有提高。提升旅游产业技术效率的途径：一是提高旅游企业管理水平。旅游企业管理人员应努力学习国内外的先进管理技术，正确调动积极性发挥团队的能动效应为企业不断创造更大价值，实现管理最大效益化。旅游企业应建立科学的、完善的运用美国心理学家斯金纳的强化理论正面的去激励每一位企业员工，挖掘员工潜力，避免以粗放型低效率的方式盲目增加投入来提高旅游产业的技术效率。二是科学合理的发展旅游产业的规模。根据边际效益把规模报酬分为规模报酬递减、规模报酬不变、规模报酬递增。十年间新疆旅游产业的规模效率的值有所递减，可以得出新疆旅游产业处于规模报酬递减的状态。应判断出新疆旅游产业科学合理的规模，从而提高产业效率。

8.2.2 促进旅游产业技术进步

十年间新疆旅游产业的技术进步年平均值为 1.065，笔者计算了北京市、上海市、广东省的 Malmquist 的指数，这三地十年的技术进步平均值分别为1.098、1.098、1.099。通过比较说明新疆旅游产业技术进步虽然有所增长，但与内地旅游发达省市相比却是增长幅度较小，有一定的提升空间。提升旅游产业技术进步的途径有：一是引进国内外先进技术，从旅游产品的设计、生产到销售都增加技术含量，从而提高旅游产品的档次。二是增加科研经费的投入。加快开发出具有自主知识产权的旅游技术和特色的旅游产品。三是建立有效的技术创新激励制度，挖掘旅游从业人员创新的潜力，增强旅游产业的竞争力。四是加强与科研机构合作。旅游企业应与科研机构合作开展多种形式的产学研结合，吸引科研机构中的科研骨干力量进入企业调研，实现在实践中开发技术，以技术来解决实践中存在的问题。

8.3 产品升级方面

世界旅游发展的趋势是传统的观光旅游所占的比例逐渐减少。随着人们收入的提高、闲暇时间的增多和旅游意识的逐渐改变，游客对旅游产品的要求也越来越个性化、多样化，传统的、单一的、缺乏参与的观光旅游已无法满足游客的需求。为了发展新疆旅游经济，提高新疆旅游经济效率，就必须依托新疆丰富的旅游资源，根据不同的客源流开发出参与性强、经济附加值高、适应新时代的旅游产品，以提高旅游产品档次。

8.3.1 大力发展探险旅游产品

新疆自然景观丰富，有海拔8611米的世界第二高峰——乔戈里峰，有登山运动员神往的慕士塔格峰、有世界第二大沙漠塔克拉玛干沙漠、有神奇的罗布泊、有中国最大的雅丹地貌群、有中国最长的冰川音苏盖提冰川等。这些丰富的旅游资源深深地吸引着国内外探险游爱好者。新疆可以开发登山、自驾游、漂流、徒步等探险旅游类型。新疆已推出和可以考虑推出的项目有：一是丝绸之路汽车拉力赛；二是攀登慕士塔格峰游；三是漂流塔里木河游；四是塔克拉玛干沙漠自驾游；五是探索神秘罗布泊游。

8.3.2 深度挖掘医疗旅游产品

随着人们对健康越来越关注，医疗旅游项目在国内外慢慢兴起，人们在旅游度假的同时也治愈了身体。新疆结合自身旅游资源有两类医疗旅游可以大力开发。一是沙疗。新疆的沙漠资源丰富，内地很多地方没有沙漠，很多游客对沙漠十分向往。吐鲁番地区的库木塔格沙漠公园开发沙疗旅游项目已取得一定成效，每年接待很多国内外游客。沙疗项目同样也可以在疆内其他地方借鉴开发。二是温泉旅游。内地很多省份温泉旅游发展较好，例如，广东、四川。新疆温泉资源丰富，虽有部分温泉旅游项目，但开发规模不大，完全可以进行产业化开发。

8.3.3 加快开发智慧旅游产品

智慧旅游是利用云计算、数据通信、互联网、物联网等新技术，通过便携的终端上网设备，随时将旅游资源、旅游经济、旅游活动、旅游者等方面信息发布，让旅游者和旅游管理部门及时了解信息以安排和调整活动计划。通过智慧旅游建设，可以全面提高旅游管理部门管理水平，智慧旅游系统将促进景区管理的“标准化、制度化、系统化”。同时，通过智慧旅游可以提高旅游接待量、提高员工的工作效率、减少旅游景区拥挤矛盾。发展智慧旅游也可以减少未来旅游业大幅提升而给旅游景区带来的生态压力，促进旅游业可持续发展。

8.4 环境保护方面

良好的空气质量、优美的自然风光和旅游资源是旅游目的地发展旅游的前提条件。第五章亦是计算出环境质量对新疆旅游经济效率增长的贡献率较大。因此在旅游产品的开发的过程中必须保护生态环境，这样才会使旅游目的地的旅游经济可持续发展。

8.4.1　依照法律保护环境

因为旅游对环境有特殊影响和破坏，所以一定要加强环境立法和管理。严格执法和遵守我国的《环境保护法》《森林法》《文物保护法》《野生动植物保护法》等与旅游密切相关的环境保护法律和法规，并针对旅游业对环境影响有潜在性、持续性和累计性的特点，增加补充规定。与此同时，更重要的是通过依法守法来保护和治理旅游环境，建立强有力的旅游环境保护管理机构和完整的管理体系来执行有关法律、法规，并监督和管理旅游开发和发展中的环境问题，做到有法必依。开发旅游资源时，更要充分的考虑保护环境这一方面，运用现行的旅游法和环境保护法作为开发准则，以确保旅游目的地环境免受污染的破坏，促使当地旅游可持续发展。

8.4.2　树立防重于治的观念

保护旅游风景区环境的目的，是为了促使旅游目的地的自然生态系统向良性循环发展，为人类旅游生活创造美好条件。在旅游开发伊始阶段就树立防重于治的思路，做到未雨绸缪，防患于未然。加强治理已受破坏的环境。由于各种原因和条件，新疆的部分的旅游资源已经受到了破坏，为了旅游业的长久发展，应尽快实施行动来恢复受破坏的环境。加强环境保护宣传教育。旅游管理部门加大旅游环境保护的宣传力度，增强游客和当地的社区居民对环境保护的意识，培养“全民旅游”的意识。

8.4.3　避免旅游目的地发展超载

每一个旅游目的地都有自己的承载力，如果旅游发展超过旅游目的地的承载力不仅不会增加其经济效益，还会破坏其生态环境。旅游管理部门应根据每个景区的具体情况，通过科学合理的调查和计算，提出可容纳游客的最大限量指标，采取提高热点旅游区的门票价格、划定特殊旅游景点并控制其旅游人数等手段。调整旅游区的旅游规模，在保证一定经济效益的同时使旅游区的环境得到保护。近年来，很多热点的旅游地尤其是在“黄金周”都是人满为患，甚至出现踩踏事件，严重影响当地旅游业的健康发展和环境保护，所以我们要遵循自然规律，科学合理的发展旅游目的地，防止旅游目的地发展超出自己的承载力。

8.5 本章小结

本章基于前文对新疆旅游经济效率及影响因素的研究，结合新疆旅游发展现状，从产业制度、技术与管理创新、产品升级及环境保护四个方面提出新疆发展旅游经济效率的对策建议，以期提高新疆旅游经济效率，使新疆旅游业发挥其与地位相一致的作用。

参考文献

[1] Ramesy, F. , A Mathematical Theory of Saving [J]. Economic Journal, 1928: 543 - 559.

[2] 沈坤荣. 经济增长理论的演进、比较与评述 [J]. 经济学动态, 2006 (5): 30 - 31.

[3] 梁中堂, 翟胜明. 经济增长理论史研究 (上) [J]. 经济问题, 2004 (3): 40.

[4] J. A. 熊彼特. 经济分析史 (第一卷) [M]. 北京: 商务印书馆, 1991: 285.

[5] Malthus, T. R. An Essay on the Principle of Population, London: W. Pickedng, vol. 1986: 1789.

[6] 小罗伯特·B·埃克伦德, 罗伯特·F·赫伯特. 经济理论和方法史, 第四版 [M]. 北京: 中国人民大学出版社, 2001: 139.

[7] Richard, D. On the Principles D, Political Economy and Taxation, Cambridge [M]. Cambridge University Press, vol. 1951: 1817.

[8] Marshall, A. Alfred, Principles of Economics, ed. London [M]. Macmillan, 1920.

[9] Young, A. Increasing Return and Economic Progress, Economic Journal [J]. 1928, vol. 38: 527 - 542.

[10] Schumpeter, J. A. Theory Economic Development, Cambridge [M]. Harvard University Press, 1934.

[11] Harrod, R. F. An essay in dynamic theory [J]. Economic Journal, 1939, vol. 49. 14 - 33.

[12] Domer, E. D. Capital Expansion, Rate of Growth and Employment,

Econometric [M]. 1946, vol. 14: 137 –147.

[13] 胡怀国. 内生增长理论的产生、发展与争论 [J]. 宁夏社会科学, 2003 (2): 24 –30.

[14] Solow, R. A contribution to theory of economic growth [J]. Journal of Economics, 1956, vol. 70: 65 –94.

[15] Swan, T. W. Economic Growth and Capital Accumulation [M]. Economic Records, 1956, vol. 32: 334 –361.

[16] Solow, R. Technical change and the aggregate production function [J]. Review of Economic and Statistics, 1957, vol. 39: 312 –20.

[17] Kaldor, N. A Model of Economic Growth [J]. Economic Journal, 1957, vol. 57: 591 –624.

[18] Cass, D. Optimum Growth in an Aggregative Model of Capital Accumulation, Review of Economic Studies, 1965, vol. 32: 233 –240.

[19] Koopmans, T. C. On the concept of optimal growth Pontificia Academia Scientirum, Vatican City, 1965: 225 –288.

[20] Arrow, K. J. The economic implication of learning by doing [J]. Review of Economic Studies, 1962, vol. 29: 155 –173.

[21] Sheshinshi, E. Optimal accumulation with learning by doing [M]. In Essays on the Theory of Optimal Growth (ed. K. Shell), 1967.

[22] Uzawa, H. Optimum technical change in an aggregative model of economic growth [J]. International Economic Review, 1965, vol. 6: 18 –31.

[23] Borland, J. Y. X. A Transaction Cost Theory of the Firm Mimeo [M]. Department of Economics, University of Melbourne, 1990.

[24] Becker, G. S. a. K. M. The Division of Labor Coordination Costs and Knowledge [J]. Quarterly Journal of Economics, 1992, vol. 107: 1137 –1160.

[25] Coase, R. The Nature of the Firm [M]. Economical, 1937, vol. 4: 386 –495.

[26] Alchain, A. A. a. H. D. Production, Information Costs and Economic Organization [J]. American Economic Review, 1972, vol. 62: 777 –795.

［27］杨小凯，黄有光．专业化与经济组织［M］．北京：经济科学出版社，1999.

［28］Romer，P. M. Increasing returns and long-run growth［J］. Journal of Political Economy，1986，vol. 94：1002－1037.

［29］Romer，P. M. Growth Based on Increasing Return Due to Specialization［J］. American Economic Review，1987，vol. 77：56－60.

［30］Romer，P. M. Endogenous technical change［J］. Journal of Political Economy，1990，vol. 98：71－102.

［31］Aghion，P. H. P. A Model of Growth Through Creative Destruction，Economical，1992，60（2）：325－351.

［32］Helpman，G. G. M. a. E. Innovation and Growth in the Global Economy，Cambridge：MA：MIT Press，1991a.

［33］Helpman，G. G. M. a. E. Quality Ladders in the Theory of Growth，Review of Economic Studies，1991b，58：43－61.

［34］Helpman，G. G. M. a. E. Quality Ladders and Product Cycles，Quarterly Journal of Economics，1991c，106：557－586.

［35］Helpman，G. G. M. a. E. Trade Knowledge Spillovers and Growth［J］. European Economic Review，1991（35）：517－526.

［36］Helpman，G. G. M. a. E. Endogenous Product Cycles［J］. Economic Journal，1991（101）：1214－1229.

［37］Stern，N. H. The determinants of growth［J］. Economic Journal，1991，vol. 101：112－113.

［38］Scott，M. F. G. A New view of Economic Growth［J］. Oxford：Oxford University Press，1989.

［39］Young，A. Learning By Doing and the Dynamic Effects of International Trade［J］. The Quarterly Journal of Economics. 1991，vol. 106：369－406.

［40］Findlay，R. Modeling Global Interdependence：Centers，Peripheries，and Frontiers［J］. The American Economic Review，1996，vol. 86，no. 2：47－51.

[41] Ventura, J. Growth and Interdependence [J]. The Quarterly Journal of Economics, 1997, vol. 112, no. 1: 57 - 84.

[42] Kee, H. L., Productivity or Endowments? Sector Evidence for Hong Kong's Aggregate Growth [J]. Policy Research Working Paper, 2002: 2892.

[43] [英] 亚当·斯密. 国民财富的性质和原因的研究（上卷）[M]. 北京: 商务印书馆, 1981: 12 - 14.

[44] [英] 亚当·斯密. 国民财富的性质和原因的研究（下卷）[M]. 北京: 商务印书馆, 1981: 65 - 68.

[45] [英] 大卫·李嘉图. 政治经济学及赋税原理 [M]. 北京: 京华出版社, 2013: 5 - 48.

[46] [美] 马克·斯考森. 现代经济学的历程——大思想家的生平和思想 [M]. 长春: 长春出版社, 2006: 16 - 17.

[47] [英] 阿尔弗雷德·马歇尔. 经济学原理 [M]. 湖南: 湖南文艺出版社, 2011: 16 - 17.

[48] [美] N·格里高利·曼昆著, 梁小民译. 经济学原理 [M]. 北京: 北京大学出版社, 2009: 16 - 17.

[49] [美] 约瑟夫·熊彼特著, 邹建平译. 经济发展理论 [M]. 北京: 中国画报出版社, 2010: 16 - 17.

[50] 康鹏. 经济效率研究的参数法与非参数法比较分析 [J]. 经济论坛, 2005: 42 - 46.

[51] 樊纲. 市场机制与经济效率 [M]. 上海三联书店, 上海人民出版社, 1992: 67 - 68.

[52] 刘嗣明. 混合一种新的发展观 [M]. 北京: 改革出版社, 1998: 15, 56 - 58.

[53] [美] 萨缪尔森、诺德豪斯. 经济学（第十六版）[M]. 北京: 华夏出版社, 1999: 78 - 81.

[54] 黄少安. 产权经济学导论 [M]. 北京: 经济科学出版社, 2004: 257 - 258.

[55] 何大昌. 西方经济学关于公平与效率关系理论研究 [J]. 现代

管理科学，2002（6）：45－48.

［56］丁秀斌．解读经济学中的“效率”［J］．山西财经大学学报，2004（2）：73－77.

［57］王立成．新古典理论——X效率理论与企业效率［J］．中国煤炭经济学院学报，2000（3）：63－68.

［58］卫兴华．理性理解关于公平与效率关系提法的演变［A］．卫兴华，张宇．公平与效率的新选择［C］．北京：经济科学出版社，2008：30－32.

［59］［美］道格拉斯·诺思．经济史中的结构与变迁（中译本）［M］．上海：上海三联书店，1991：56－58.

［60］Battese，G. E. T. J. Coelli. Frontier Production Functions. Technical Efficiency and Panel Data：With Application Farmers in India［J］Journal of Productivity Analysis，1992（3）：153－169.

［61］Charnes A，Cooper W W，Golary B. Foundation of Data Envelopment Analysis for Pareto－Koopmans efficient empirical production functions［J］. Journal of Econometrics（Netherlands），1985，30（1－2）：91－107.

［62］Charnes A，Cooper W W，Wei Q L，et al. Coneratio Data Envelopment Analysis and multi-objective programming［J］. International Journal of Systems Science，1989，20（7）：1099－1118.

［63］Sengupta JK. Data Envelopment Analysis for efficiency measurement in the stochastic case［J］. Computer Sand operations Researeh，1987（14）：117－129.

［64］Charnes A，Cooper W W，Ruosseau JJ. et al. Data Envelopment Analysis and axiomatic noting of efficiency and reference sets［R］. Center for Cybernetic Studies Report CCS 558，1987：222－226.

［65］Huang Z M，Li S X. Dominance stochastic model in Data Envelopment Analysis［J］. European Journal of operational Researeh，1996（95）：390－403.

［66］Charnes A，Cooper W W，Seiford L M. Invariant multiplicative efficiency and piecewise Cobb－Douglas envelopment［J］. Operations Research

Letters, 1983, 2 (3): 38 -49.

[67] Huang Z M, Sun D B, Wei Q L. Theories and applications of the compositive Data Envelopment Analysis model with one structure [J]. SCI - TECH Information Services, 1995 (50): 57 -73.

[68] Banker RD, Morey R. Efficiency analysis for exogenously fixed inputs and outputs [J]. Operations Research, 1989, 34 (4): 513 -520.

[69] Cook W D, Kress M, Seiford L. On the use of ordinal data envelopment analysis [J]. Journal of the operational Research Soeiety, 1993, 44 (2): 133 -140.

[70] 梁平，梁彭勇．基于SFA的中国保险业X——效率研究[J]. 数理统计与管理，2011，30 (1): 144 -153.

[71] Kaparakis, E. I. Miller, S. M., Noulas, A. G. Short-run Cost In efficiency of Commercial Banks; A Flexible Stochastic Frontier Approach [J]. Journal of Money, Credit and Banking, 1994, 26 (2): 875 -893.

[72] 鲁晓东，赵奇伟．中国的出口潜力及其影响因素——基于随机前沿引力模型的估计[J]. 数量经济技术经济研究，2010 (10): 21 -35.

[73] 田刚，李南．中国物流业全要素生产率变动与地区差异——基于随机前沿模型的实证分析[J]. 系统工程，2009 (11): 62 -68.

[74] 李国璋，王双．资源约束、技术效率与地区差异——基于中国省际数据的随机前沿模型分析[J]. 经济评论，2008 (4): 14 -20.

[75] Battese G E, Coelli T J. A Model for technical in efficiency effects in a Stochastic frontier production function for panel data [J]. Empirical Economies, 1995 (20): 325 -332.

[76] Allen N. Berger, David B. Humphrey. Efficiency of Financial Instiutions: International Survey and Directions for Future Research [J]. European Journal of operational Research, 1997 (98): 175 -212.

[77] Charnes A, Cooper W W, Rhodes E. Measuring the Efficiency of Decision Making units. EuroPean Journal of operational Researeh, 1978 (2): 429 -444.

[78] Reifsehneider D, and R. Stevenson. Systematic Departures from the

Frontier: A Framework for the Analysis of Firm In efficiency [J]. International Eeonomic Review, 1991, 32 (3): 715 -723.

[79] 冯蕾.2005~2007年我国省际能源效率研究——基于DEA方法非意愿变量CRS模型的测度[J]. 统计研究, 2009, 26 (11): 31 -35.

[80] Bhattaeharya, A, Lovell, CAK, Sahay, P. The impact of liberalization on the productive efficiency of Indian commercial banks [J]. European journal of operational Research, 1997 (98): 332 -345.

[81] Charnes A, Cooper W W, Thrall R M. A structure for classifying and characterizing efficiency and inefficiency in DEA [J]. Journal of Productivity Analysis, 1991, 17 (2): 197 -237.

[82] Charnes A, Cooper W W, Sun D B. Polyhedral Cone - Ratio DEA Models with an Illustrative Application to Large Commercial Banks. Journal of Econometrics, 1990: 73 -91.

[83] Baker M, Riley M. New perspectives on productivity in hotels: Some advances and new directions [J]. International Journal of Hospitality Management, 1994, 13 (4): 97 -311.

[84] Michael D H, Keith CJ. Employee performance cues in a hotel service environment: Influence on perceived service quality, value, and word-of-mouth intentions [J]. Journal of Business Research, 1996, 35 (6): 207 - 215.

[85] Morey R C, Dittman D A. Evaluating a hotel GM's performance: A case in benchmarking [J]. Cornell Hotel Restaurant and Administration Quarterly, 1995, 36 (5): 30 -35.

[86] Anderson R I, Fish M, Xia Y, Michello F. Measuring efficiency in the hotel industry: A stochastic frontier approach [J]. Hospitality Management. 1999, 18 (1): 45 -57.

[87] Anderson R I, Fok R, Scott J. Hotel industry efficiency: An advanced linear programming examination [J]. American Business Review, 2000, 18 (1): 40 -48.

[88] Christopher C M. A simple measure of restaurant efficiency [J].

Cornell Hotel and Restaurant Administration Quarterly, 1999, 38 (6): 31 -37.

[89] Barros C P. Evaluating the efficiency of a small hotel chain with a Malmquist productivity index [J]. International Journal of Tourism Research, 2005, 7 (3): 173 -184.

[90] Barros C P. Analysing the rate of technical change in the Portugese hotel industry [J]. Tourism Economics, 2006, 12 (3): 325 -346.

[91] Barros C P. Measuring efficiency in the hotel sector [J]. Annals of Tourism Research, 2005, 32 (2): 456 -477.

[92] Marianna S. The information and communication technologies productivity impact on the UK hotel sector [J]. International Journal of Operations & Production Management, 2003, 23 (10): 1224 -1245.

[93] Costas Z, Vasiliki V. A framework for the evaluation of hotel websites: The case of Greece [J]. Information Technology & tourism, 2006, 3 (8): 239 -254.

[94] Shun - HuiTsaur. The operating efficiency of international tourist hotels in Taiwan [J]. Asia Pacific Journal of Tourism Research, 2000, 6 (1): 29 -37.

[95] Shiuh - Nan Hwang, Te - Yi Chang. Using data envelopment analysis to measure hotel managerial efficiency change in Taiwan [J]. Tourism Management, 2003, 24 (4): 357 -369.

[96] Shiuh - Nan Hwan. Relationships among internal marketing. Employee job satisfaction and international hotel performance: An empirical study [J]. International journal of management, 2005, 22 (2): 285 -293.

[97] Wan - Erh Chiang, Ming - Hone Tsai, Li Shau - Mei Wang. A DEA evaluation of Taipei hotels [J]. Annals of Tourism Research, 2004, 31 (3): 712 -715.

[98] Wan - Erh Chiang. A hotel performance evaluation of Taipei international tourist hotels-using data envelopment analysis [J]. Asia Pacific journal of Tourism Research, 2006, 11 (1): 29 -42.

[99] Sun Song, Wan - Ming Lu. Evaluating the performance of the Tai-

wanese hotel industry using a weight slacks-based measure [J]. Asia – Pasific Journal of Operational Research, 2005, 22 (4): 487 –512.

[100] Ku – Ching Wang, Yu – Shan Lin. Measuring pure managerial efficiency of international tourist hotels in Taiwan [J]. The service industries journal, 2006, 26 (1): 59 –71.

[101] Ku – Ching Wang, Yu – Shan Lin. Measuring the cost efficiency of international tourist hotels in Taiwan [J]. Tourism Economics, 2006, 12 (1): 65 –85.

[102] Barros C P, Matias A. Assessing the efficiency of travel agencies with a stochastic cost frontier: A Portuguese case study [J]. International Journal of Tourism Research, 2006, 8 (5): 367 –379.

[103] K. ksal C, Aksu A. An efficiency evaluation of a-group travel agencies with data envelopment analysis (DEA): A case study in the An-talya region, Turkey [J]. Tourism Management, 2007, 28 (3): 830 –834.

[104] Charles K N, Paul S. Competition, privatization and productive efficiency: Evidence from the airline industry [J]. The Economic Journal, 2001, 111 (473): 591 –619.

[105] Fernandes E, Pacheco R R. Efficient use of airport capacity [J]. Transportation Research Part A, 2002, 36 (3): 225 –238.

[106] Sarkis J, Talluri S. Performance based clustering for benchmarking of US airports [J]. Transportation Research Part A, 2004, 38 (5): 329 –346.

[107] Nooreha HMokhtar A. Suresh K. Evaluating public sector efficiency with data envelopment analysis (DEA): A case study in road transport department of Selangor, Malaysia [J]. Total Quality Management, 2000, 11 (4): 830 –836.

[108] Bell R, R Morey. Increasing the efficiency of corporate travel management through macro benchmarking [J]. Journal of Travel Research, 1995, 3: 11 –20.

[109] Anderson R I, Lewis D, Parker M E. Another look at the efficiency of corporate travel management departments [J]. Journal of Travel Research,

1999，37（3）：267－272.

［110］ Lee C K，Han S H. Estimating the use and preservation values of national parks' tourism resources using a contingent valuation method［J］. Tourism Management，2002，23（5）：531－540.

［111］ Preda P，Watts T. Improving the efficiency of sporting venues through capacity management：The case of the Sydney（Australia） cricket ground trust［J］. Event Management，2003，8（2）：83－89.

［112］ 张根水，熊伯坚，程理民．基于DEA理论的地区旅游业效率评价［J］．商业研究，2006（1）：78－82.

［113］ 朱顺林．区域旅游产业的及时效率比较分析［J］．经济体制改革，2005（2）：43－47.

［114］ 陆相林．DEA方法在区域旅游发展评价中的应用——以山东省17地市为例［J］．湖北大学学报（自然科学版），2007，29（3）：303－306.

［115］ 顾江，胡静．中国分省区旅游生产效率模型创建与评价［J］．同济大学学报（社会科学版），2008，19（4）.

［116］ Ma X L，Chris R，Bao J G. Chinese national parks：Differences. resource use and tourism product portfolios［J］. Tourism Management，2009，30（1）：21－30.

［117］ 朱承亮，岳宏志，严汉平，李婷．基于随机前沿生产函数的我国区域旅游经济效率研究［J］．旅游学刊，2009（12）：18－22.

［118］ 于秋阳．基于DEA模型的长三角旅游经济效率差异的评价与对策研究［J］．经济论坛，2009（22）：59－63.

［119］ 陶卓民，薛献伟，管晶晶．基于数据包络分析的中国旅游业发展效率特征［J］．地理学报，2010，65（8）：30－35.

［120］ 岳宏志，朱承亮．我国旅游产业技术效率及其区域差异：2001～2007年［J］．云南财经大学学报，2010（2）：36－41.

［121］ 马晓龙，保继刚．中国主要城市旅游经济效率影响因素的演化［J］．经济地理，2009，29（7）：1203－1208.

［122］ 梁明珠，易婷婷．基于DEA－MI模型的城市旅游经济效率演

进模式研究［J］. 旅游学刊，2013（28）：57－59.

［123］王宗超，程玉坤，陆军文. 基于DEA的浙江省地级市了才有也效率时空差异及变化研究［J］. 北京第二外国语学院学报，2013（11）：36－37.

［124］杨淑霞. 基于改进DEA的中国省级旅游经济效率及敏感性分析［J］. 伊犁师范学院学报，2012，12（4）.

［125］赵磊. 旅游发展于中国经济增长效率——基于Malmquist指数和系统GMM的实证分析［J］. 旅游学刊，2012，11（27）：46.

［126］王坤，黄震方，陶玉国，方叶林. 区域城市旅游经济效率的空间特征及溢出效应分析［J］. 经济地理，2013，4（3）：165－167.

［127］王恩旭. 区域旅游经济效率影响因素研究［D］. 大连理工大学，66－78.

［128］赵定涛，董慧萍. 区域旅游业技术效率及其影响因素分析——基于DEA－PCR两阶段法的实证研究［J］. 电子科技大学学报（社科版），2012，14（6）：50－51.

［129］刘文虎，王子华. 山东省区域旅游经济效率评价研究［J］. 管理研究，2012（8）：11.

［130］盛旭东，侯伦，陈瑶，李良强. 应用DEA方法评价我国各地区旅游生产效率［J］. 中国集体经济·文化产业，2012（2）：46－50.

［131］赵磊. 中国旅游全要素生产率差异与收敛实证研究［J］. 旅游学刊，2013，11（28）：14－15.

［132］梁流涛，杨建涛. 中国旅游业技术效率及其分解的时空格局——基于DEA模型的研究［J］. 地理研究，2012，31（8）：1424－1428.

［133］许建伟，许新宇，朱明侠，陈兴鹏，斯建培. 中国省际旅游经济效率评价及其敏感性分析［J］. 旅游资源，2013，29（5）：527－528.

［134］胡燕京，冯琦. 基于DEA的我国上市旅游企业经营绩效评价［J］. 华东经济管理，2006，20（9）：62－65.

［135］许统生，涂远芬. 中国可贸易产业本地市场效应的估计及其政策启示——基于变截距面板数据模型的分析［J］. 经济学动态，2010（7）：66－70.

[136] 林源源，季斌．基于 DEA 的城市旅游企业技术效率测度及比较［J］．企业经济，2008（4）：23－25.

[137] 郭岚，张勇，李志娟．基于因子分析与 DEA 方法的旅游上市公司效率评价［J］．管理学报，2008，5（2）：258－262.

[138] 杨勇，冯学钢．中国旅游企业技术效率省际差异的实证分析［J］．商业经济与管理，2008（8）：68－74.

[139] 孙媛媛，王鹏．中国旅游上市公司经营有效性评价研究［J］．旅游论坛，2010，3（5）：553－556.

[140] 谭伟，张建升．中国主要旅游公司运营动态效率探析［J］．经济与管理，2010，24（6）：30－33.

[141] 彭建军，陈浩．基于 DEA 的星级酒店效率研究——以北京上海、广东相对效率分析为例［J］．旅游学刊，2004，19（2）：59－62.

[142] 陈浩．基于 DEA 的浙江星级酒店效率评价［J］．江苏商论，2005（8）：76－77.

[143] 陈浩，薛声家．店企业相对效率的定量评价方法［J］．商业研究，2005（12）：181－183.

[144] 董卫，唐德善．基于 DEA 模型的酒店经营效率分析［J］．商业研究，2006（24）：149－151.

[145] 黄丽英，刘静艳．基于 DEA 方法的我国高星级酒店效率研究［J］．北京第二外国语学院学报（旅游版），2008（1）：42－46.

[146] 简玉峰，刘长生．随机前沿函数、酒店管理效率及其影响因素研究［J］．旅游论坛，2009，2（4）：540－544.

[147] 刘家宏．基于 DEA 法的中低星级酒店经济效率评价——以我国 25 个省市三星级酒店为例［J］．湖南财经高等专科学校学报，2010，26（6）：46－48.

[148] 王松茂，方良彦，海米提·依米提．20 年来重大事件对新疆国际旅游业的影响——基于本底趋势线方法分析［J］．干旱区资源与环境，2012，26（5）：194－199.

[149] 张凌云．我国旅游业地域非均衡性增长研究出论［J］．南开经济研究，1998（2）：71－74.

［150］陈晓，王丹，张耀光等．辽宁省旅游经济的时空差异演变分析［J］．经济地理，2009，29（1）：147－152.

［151］阎顺．新疆旅游资源及其开发利用［J］．干旱区地理，2001，24（4）：297－304.

［152］林明水等．近十年来福建省旅游经济时空差异演变分析［J］．福建农林大学学报（哲学社会科学版），2011，14（1）：39－45.

［153］叶护平，韦燕生．中国旅游业发展区域差异的时空变化［J］．人文地理，2004（8）：8－17.

［154］陆林、余凤龙．中国旅游经济的时空特征分析［J］．经济地理，2005，25（3）：406－410.

［155］陈秀琼，黄福才．中国入境旅游的区域差异特征分析［J］．地理学报，2006（12）：271－280.

［156］阎同生，陈丽红等．河北旅游经济区域差异分析［J］．产业经济，2006（5）：72－73.

［157］杨国良，张捷，艾南山等．旅游流失结构及空间差异化特征［J］．地理学报，2006（6）：567－588.

［158］王松茂，方良彦，邓峰．新疆各地州旅游经济时空差异演变分析［J］．商业研究，2013，434（6）：195－199.

［159］陆林，余凤龙．中国旅游经济差异的空间特征分析［J］．经济地理，2005，25（3）：406 － 410.

［160］汪德根，陈田．中国旅游经济区域差异的空间分析［J］．地理科学，2011，31（5）：528－ 536.

［161］敖荣军，韦燕生．中国区域旅游发展差异影响因素研究——来自1990～2003年的经验数据检验［J］．财经研究，2006，32（3）：32－43.

［162］陈秀琼，黄福才．中国入境旅游的区域空间差异特征分析［J］．地理学报，2006，61（12）．1271－1280.

［163］唐晓云．生产要素视角的中国旅游经济发展区域差异研究［J］．经济地理，2010，30（10）：1741－1745.

［164］熊正德，刘永辉．综合变量DEA与传统DEA的实证比较研究［J］．湖南大学学报（社会科学版），2008（1）：62－67.

[165] 武春友，吴琦．基于超效率DEA的能源效率评价模型研究[J]．管理学报，2009，6（11）：1460－1465.

[166] 张晶．基于超效率的煤炭资源型城市工业生态效率研究[J]．经济问题，2010（11）：57－59.

[167] 李杨，杨锦秀，傅新红．我国区域农业技术创新能力评价[J]．中国软科学，2009（1）：84－89.

[168] 石枕．怎样理解和计算“全要素生产率”的增长——评一个具体技术经济问题的计量分析[J]．数量经济技术经济研究，1988（12）：68－71.

[169] 郑玉歆．樊明太．中国CGE模型及政策分析[M]：北京：社会科学文献出版社，1999：55－58.

[170] Farre M. J. The Measurement of Production Efficiency [J]. Journal of Royal Statistical Soeiety, 1957, 120 (3): 253－281.

[171] Tsai W. Knowledge transfer in intraorganizational networks: Effects of network Position and absorptive capacity on business unit innovation and Performance [J]. Academy of Management Journal, 2001, 44 (5): 996－1004.

[172] Caves D W, Christensen L R, Diewert W E. The economic theory of index numbers and the measurement of input, output and productivity [J]. Eeonometrica, 1982, 50 (6): 1393－1414.

[173] Leopald Simar, Wilson P W. Estimating and boo－Strapping Malmquist indices [J]. European Journal of operational Research, 1999, 115 (3): 459－471.

[174] Maudos J, Pastor JM, Serrano L. Total factor pro-ductivity measurement and human capitalin OECD countries [J]. Economics Letters, 1999, 63 (1): 39－44.

[175] Yao Chen. A non-radial Malmquist Productivity Index with an illustrative Application to Chinese Major Industries [J]. International Journal of Production Eeonomies, 2003 (83): 27－35.

[176] Banker, R. D. Maximum Likelihood. Consistency and Data Envelopment Analysis: A Statistical Foundation [J]. Management Science, 1993, 39 (10): 1265－1273.

［177］ Badr A，Fahmy A. A proof of convergence for ant algorithms Internationa［J］l. Journal of Intelligent computing and Information，2003，3（1）：22－32.

［178］ 赵梦楠．中国煤炭行业生产效率的区域差异研究［D］．南京：南京航空航天大学，2009.

［179］ 郭为，何媛媛．旅游产业的区域集聚、收敛与就业差异：基于分省面板的说明［J］．旅游学刊，2008，23（3）：29－36.

［180］ 郑云．我国服务业技术效率的收敛性分析［J］．社会科学家，2010（8）：57－60.

［181］ 范爱军，王丽丽．中国技术效率的地区差异与增长收敛——基于省际数据的研究［J］．经济学家，2009（4）：83－89.

［182］ Badinger H. Regional Convergence in the European Union（1985－1999）：A Spatial Dynamic Panel Analysis［J］. Regional Studies，2004（38）：241－253.

［183］ 李国璋，霍宗杰．中国全要素能源效率、收敛性及其影响因素——基于1995～2006年省际面板数据的实证分析［J］．经济评论，2009（6）：101－109.

［184］ Barro，R. J，Sala-i－Martin，X. Convergence［J］. Journal of Political Economy，1992，10（2）：233－251.

［185］ 罗良清，魏和清．统计学［M］．北京：中国财政经济出版社：2011：41.

［186］ 杨云燕，李容录．局部凸空间中的绝对收敛级数研究［J］．哈尔滨工程大学学报，2008，29（11）：1236－1240.

［187］ Miller S. Upadhyay M. Totle factor productivity and the convergence hypothesis［J］. Journal of Macroeconomics，2002，24（2）：267－278.

［188］ Wooldridge M. Econometric Analysis of Cross Section and Panel Data［M］. Cambridge，MA：MIT Press，2002：431－422.

［189］ 汪锋，张宗益，康继军．企业市场化、对外开放与中国经济增长条件收敛［J］．世界经济，2006（6）：48－60.

［190］ 冯学钢，于秋阳．中国境内旅游产业潜力研究：区域差异与路

径选择［J］. 管理学报，2010，7（4）：577－584.

［191］Alipourh，Kilic H. An institutional appraisal of tourism development and planning：The case of the Turkish Republic of North Cyprus（TRNC）［J］. Tourism Management，2005，26（1）：79－91.

［192］Jackson J. Developing regional tourism in China：The potential for activating business Clusters in a socialist market economy［J］. Tourism Management，2006，27（4）：695－706.

［193］Baumt，Szivase. Hrd in tourism：A role for government?［J］. Tourism Management，2008，29（4）：783－794.

［194］Buhalis D，Law R. Progress in information technology and tourism management：20 years On and 10 years after the Internet－The State of Tourism research［J］. Tourism Management，2008，29（4）：609－622.

［195］邓冰，俞曦，吴必虎．旅游产业的集聚及其影响因素初探［J］. 桂林旅游高等专科学校学报，2004，15（6）：53－57.

［196］陈梦颖，张雷，彭耿．旅游产业集群发展的影响因素分析［J］. 湖北经济学院学报（人文社会科学版），2010，7（7）：43－45.

［197］贾琳，郝鹏飞．保定市旅游产业竞争力的影响因素分析［J］. 黑龙江对外经贸，2010（11）：130－132.

［198］方世敏，赵金金．旅游产业集群形成影响因素关联度分析——以长株潭城市群旅游圈为例［J］. 旅游论坛，2010，3（4）：432－437.

［199］徐洁，华钢，胡平．城市化水平与旅游发展之关系初探——基于我国改革开放三十年的时间序列动态计量分析［J］. 人文地理，2010（2）：85－90.

［200］许统生，涂远芬．中国可贸易产业本地市场效应的估计及其政策启示——基于变截距面板数据模型的分析［J］. 经济学动态，2010（7）：66－70.

［201］吕晓英，吕胜利．产业集聚效应测算的独立混合横截面数据模型［J］. 甘肃社会科学，2004（5）：232－236.

［202］罗青．城镇中等收入居民相对收入水平的实证研究——以省际横截面数据检验库兹涅茨假设［J］. 江苏社会科学，2005（2）：75－79.

[203] 赵东喜. 中国省际入境旅游发展影响因素研究——基于分省面板数据分析 [J]. 旅游学刊, 2008, 23 (1): 41 -45.

[204] 刘长生, 简玉峰. 我国旅游业发展与经济增长的关系研究——基于不同省份的个体数据和面板数据分析 [J]. 旅游科学, 2008, 22 (5): 23 -33.

[205] 王汝芳, 杜勇宏. 面板数据的双误差分量模型 Hausman 检验 [J]. 统计与决策, 2009 (21): 30 -32.

[206] Papyrakis elissaios, gerlagh reyer. The resource curse hypothesis and its transmission channels [J]. Journal of comparative economic, 2004, 32 (1): 181 -193.

后记

本书通过定性与定量的方法对新疆及各地州旅游经济发展及其效率进行全面梳理和研究，将理论探讨与实践相结合，在理论上阐述和梳理出提高新疆旅游经济效率的思路和经济规律，并对新疆旅游经济发展提出可行对策、建议以供政府决策层参考。本书中虽然有所创新，但本书也有研究局限，主要有以下几点：

研究时间不够完整。由于所需研究的部分数据，在新疆旅游发展早期并没有统计，且有些数据自治区层面上有统计，当具体到各地州又没有了统计。所以本书运用的是新疆十五个地州 2005～2014 年十年间的数据来研究新疆旅游经济效率。新疆的旅游发展是从 1978 年开始，20 世纪 90 年代，新疆的旅游发展也是较为迅速，但由于数据的缺失，本书没有从 1978 年开始完整的分析新疆旅游经济效率，是对于新疆旅游经济效率研究的缺憾。

研究对象缺乏与其他民族地区对比。书中研究了新疆旅游经济效率及影响因素，新疆作为民族地区，可以与国内其他民族地区作为比较研究，找出民族地区旅游经济效率演变的共同点和不同点，从而丰富旅游经济效率的理论，为其他民族地区旅游经济效率提供理论指导意义。

影响因素的识别还不够全面。书中根据旅游经济学、西方经济学、制度经济学、计量经济学的知识，结合专家访谈、问卷调查的方法，试图将影响新疆旅游经济效率的因素全面识别出来。但是由于有些因素不好量化或者数据不完整，使得未能将其因素的作用完全体现出来，比如说社会稳定程度这一指标只能定性的分析其对新疆旅游经效率的作用，比如民族风情这一指标只是运用各地州少数民族人数占当地总人数的比重来表示当地的民俗风情指标还不够全面。

关于旅游经济效率，是一个比较复杂的研究系统。针对本书研究中存在的局限性，结合笔者在论文写作过程中的实际体会，提出以下未来进一步的研究方向：

与国内其他民族地区进行旅游经济效率比较。对国内其他民族地区进行旅游经济效率分析，找出新疆与其他民族地区旅游经济效率发展规律的不同点和相同点。通过对比研究，学习其他旅游发达地区的先进模式和先进经验，提升新疆旅游经济效率。同时，找出影响民族地区旅游经济效率的共同因素和差异因素，丰富旅游经济效率理论。

与其他方法测算旅游经济效率的结果比较。本书选用数据包络分析方法对新疆旅游经济效率进行了分析，测算旅游经济效率的方法还有随机前沿分析方法，今后的研究内容可以运用随机前沿分析方法对新疆旅游经济效率分析，比较两种分析方法的结果，找出不同方法分析结果的相同点和不同点，并分析出结果差异的原因，从而更客观地研究新疆旅游经济效率。

全面考察与识别旅游经济效率的影响因素。对于客观识别出旅游经济效率的影响因素是本书的一个重点和难点，今后可以与其他民族地区对比来识别旅游经济效率的影响因素，也可以运用结构方程模型和问卷调查结合的方法将影响旅游经济效率的显变量和潜变量找出，与现有的研究结果进行对比，从而更加科学合理、全面地找出旅游经济效率的影响因素。

本书书写的过程得到了很多学者和专家的支持和帮住，笔者的博士生导师邓峰老师以求实的精神、踏实的态度，多次指点迷津开拓了笔者的研究思路。导师严谨的治学态度和崇高的敬业精神让笔者受益匪浅，是促使笔者不断进步的源泉。感谢学院的教师和同学们帮助，他们给了笔者很宽松、愉快的工作环境，使我能够坚持不懈地承受各种压力前行。

最后，我要深深地感谢我的父母和家人，你们的支持是我不断攻坚克难、奋发向上的动力，今后我还会不断继续努力，怀着一颗感恩的心，回馈社会，回馈帮助我的人。

王松茂
山东农业大学经济管理学院
2017 年 4 月 5 日